Margens Alternativas em Preços de Transferência

Margens Alternativas em Preços de Transferência

2018

Felipe Cerrutti Balsimelli

MARGENS ALTERNATIVAS EM PREÇOS DE TRANSFERÊNCIA
© ALMEDINA, 2018

AUTOR: Felipe Cerrutti Balsimelli
DIAGRAMAÇÃO: Almedina
DESIGN DE CAPA: FBA.
ISBN: 978-85-8493-398-3

Dados Internacionais de Catalogação na Publicação (CIP)
(Câmara Brasileira do Livro, SP, Brasil)

Balsimelli, Felipe Cerrutti
Margens alternativas em preços de transferência /
Felipe Cerrutti Balsimelli. – São Paulo:
Almedina, 2018.
Bibliografia.

ISBN 978-85-8493-398-3

1. Direito tributário 2. Direito tributário – Brasil
3. Direito tributário internacional – Brasil
4. Preço de transferência – Impostos – Legislação – Brasil
I. Título.

18-19911 CDU-34:336.2:338.5(81)

Índices para catálogo sistemático:

1. Brasil: Preços de transferência: Direito tributário 34:336.2:338.5(81)
Maria Alice Ferreira – Bibliotecária – CRB-8/7964

Aviso: O presente trabalho não representa parecer legal ou a opinião de Pinheiro Neto Advogados sobre o assunto tratado, mas apenas de seu autor, para fins acadêmicos.

Este livro segue as regras do novo Acordo Ortográfico da Língua Portuguesa (1990).

Outubro, 2018

EDITORA: Almedina Brasil
Rua José Maria Lisboa, 860, Conj. 131 e 132, Jardim Paulista | 01423-001 São Paulo | Brasil
editora@almedina.com.br
www.almedina.com.br

AGRADECIMENTOS

À minha filha, Manuela, fonte inesgotável de motivação para a realização de todos os meus sonhos.

Aos meus pais, Silvana e Eduardo, e à minha avó, Marlene, por proporcionarem os alicerces de todo meu crescimento pessoal e profissional.

À minha esposa, Samara, por todo amor, compreensão e parceria, que trazem sentido aos desafios vividos a cada dia.

PREFÁCIO

Recebi com grande alegria o ilustre convite para prefaciar a obra Margens Alternativas em Preços de Transferência, de autoria de Felipe Cerrutti Balsimelli.

Conheci a família de Felipe e sempre imaginei que de lá viriam bons frutos. Felipe entrou como estagiário da área tributária de Pinheiro Neto em 2004 e trabalhamos, desde então, juntos há 14 anos em uma carreira sólida e apaixonada.

Ao longo de sua trajetória, a dedicação pela área tributária com viés ao estudo da matéria de preços de transferência ficou notória, o que o levou a estudos complementares em pós-graduação na Faculdade de Direito da Fundação Getúlio Vargas (Direito GV).

Em 2017, publicamos juntos a matéria de capa do "International Journal of Taxation", abordando o panorama das regras brasileiras de preços de transferência.

Em 2016 e 2018 trabalhamos juntos em pleitos de procedimento amigável entre os fiscos do Brasil e da Coreia, tema diretamente relacionado à obra (que versa sobre busca de margens alternativas via procedimentos amigáveis – MAPs e APAs).

A presente obra resulta da tese de mestrado defendida pelo autor em outubro de 2016, também na Fundação Getúlio Vargas, sob orientação do Professor Roberto Quiroga Mosquera e que lhe conferiu o título de Mestre com a ilustre Banca Examinadora composta pelos Professores João Dácio Rolim, Susy Gomes Hoffman e Luiz Felipe Centeno.

Como resultado de pesquisa aprofundada e de um trabalho minucioso de Mestrado na Fundação Getúlio Vargas, o leitor encontrará em suas mãos uma obra de fácil leitura. Trata-se do resultado do trabalho que aborda a problemática das margens alternativas em preços de transferência.

Sua posição é firme e bem fundamentada, sem receio de abordar questão tão específica e particular.

A obra traz um comparativo entre o modelo brasileiro e o modelo OCDE, apontando seus prós e contras, sob a perspectiva da praticabilidade da metodologia de margens fixas versus o potencial distanciamento do padrão arm's length.

Examinando o princípio arm's length sob a perspectiva dos princípios constitucionais de legalidade, isonomia, capacidade contributiva, dentre outros, Felipe aponta possíveis distorções decorrentes da aplicação da metodologia de margens fixas preconizada pelo modelo brasileiro, verificadas não apenas na teoria, mas também na prática (como nos casos de aplicação do PRL, cujas margens são incompatíveis com a realidade dos contribuintes).

A partir dessa crítica ponderada à metodologia de margens fixas (abordando seus prós e contras), Felipe examina mecanismos existentes na própria legislação brasileira e no modelo OCDE (Guidelines e Tratados) para o pleito de margens alternativas em preços de transferência.

A abordagem da metodologia de margens alternativas tem como objetivo minimizar, em casos práticos, as distorções causadas pelas margens fixas quando da aplicação dos métodos CPL, PRL, CAP, PVA e PVV, em virtude do distanciamento das margens fixas do que seria a realidade de mercado (e o padrão arm's length).

Embora os Tratados brasileiros tenham incorporado precariamente as diretrizes do modelo OCDE (afastando da redação do artigo 9º o seu parágrafo 2º, restringindo assim a realização de corresponding adjustments), a sua leitura não restringe a busca por margens alternativas em preços de transferência. Pelo contrário, não apenas os Tratados firmados pelo Brasil para evitar a dupla tributação, mas a própria legislação e normas regulamentares brasileiras (sobretudo a Portaria nº 222/2008 e a IN nº 1.699/2016), permitem a busca por margens alternativas, através dos chamados "procedimentos amigáveis" (APAs ou MAPs).

A obra convida para um maior debate sobre a aplicabilidade da metodologia de margens alternativas em casos concretos, através de procedimentos amigáveis (APAs e MAPs), tema ainda pouco explorado pelos contribuintes brasileiros.

O tema ganha especial relevância em tempos atuais, em que o Brasil pleiteia seu ingresso na OCDE, sendo a harmonização do modelo brasileiro e o modelo OCDE uma questão prioritária.

Pela sólidas conclusões obtidas, a obra abrilhanta ainda mais a carreira de Felipe, que desponta como um talento na área tributária pela paixão, gentileza e afinco com que atua.

São Paulo, agosto de 2018.

LUCIANA ROSANOVA GALHARDO
Mestre em Direito Tributário pela Universidade de São Paulo (USP-SP)
Sócia da área tributária do escritório Pinheiro Neto Advogados

SUMÁRIO

1.
Introdução

1.1. Noções gerais sobre preços de transferência

As regras brasileiras de preços de transferência foram introduzidas no ordenamento jurídico brasileiro há duas décadas e, até hoje, sua aplicação resulta em dificuldades práticas e disputas entre fisco e contribuintes[1].

As regras de preços de transferência têm a finalidade de equiparar valores de operações praticadas entre empresas consideradas vinculadas[2], com bens, direitos, serviços e empréstimos, com os valores que seriam praticados em operações entre partes sem vinculação (em condições normais de mercado).

Com isso, as regras de preços de transferência visam coibir a transferência indevida de resultados tributáveis do Brasil para o exterior, o que seria decorrência de condições negociais mais favoráveis praticadas entre partes vinculadas. Para atingir esse fim, o texto legal estabelece métodos para o cálculo do chamado "preço parâmetro", importados do modelo OCDE.

[1] As regras brasileiras de preços de transferência foram introduzidas no ordenamento jurídico brasileiro pelos artigos 18 a 24 da Lei nº 9.430/1996.

[2] O artigo 23 da Lei nº 9.430/1996 traz o rol de pessoas vinculadas, para fins de aplicação das regras de preços de transferência. Considerando o escopo da legislação, esta considera ainda operações entre partes brasileiras e partes localizadas em "paraísos fiscais" como sujeitas à aplicação das regras de preços de transferência.

Nas operações de importação por sociedades brasileiras junto a partes vinculadas, os valores que excedem o preço parâmetro são considerados como indedutíveis da base de cálculo do Imposto sobre a Renda das Pessoas Jurídicas ("IRPJ") e da Contribuição sobre o Lucro Líquido ("CSL").

Para obtenção do preço parâmetro, os métodos aplicáveis à importação são o PIC, CPL, PRL e PCI (cujas particularidades serão examinadas em detalhes ao longo deste estudo)[3].

Nas operações de exportação, os valores inferiores ao preço parâmetro são incluídos na base de cálculo do IRPJ e da CSL. Nesses casos, sempre que comprovado que o valor das exportações for inferior a 90% do preço médio praticado no mercado nacional, os ajustes de preços de transferência serão aplicados com base em algum dos seguintes métodos: PVEx, PVA, PVV, CAP e PECEX (cujas particularidades serão examinadas em detalhes ao longo deste estudo)[4].

Luis Eduardo Schoueri observa que, na prática empresarial, desde a edição das regras brasileiras (introduzidas pela Lei nº 9.430/1996), verificou-se grande quantidade de empresas mobilizando exércitos de profissionais para tratarem da fixação e disciplina dos preços de transferência entre empresas ligadas[5]. Isso porque a rigidez das regras de preços de transferência, em muitos casos, conduz a ajustes e a autuações vultuosas, mesmo sem que haja efetiva transferência indevida de lucros do Brasil para o exterior.

Disso sempre resultou a necessidade de avaliar possíveis políticas para afastar a aplicação dos métodos de margens fixas (em especial o PRL e o CAP) e viabilizar a aplicação de métodos que refletem reais condições de mercado (em especial o PIC e o PVEx).

[3] Respectivamente, Método dos Preços Independentes Comparados ("PIC"), Método do Custo de Produção mais Lucro ("CPL"), Método do Preço de Revenda menos Lucro ("PRL") e Método do Preço sob Cotação na Importação ("PCI").

[4] Respectivamente, Método do Preço de Venda nas Exportações ("PVEx"), Método do Preço de Venda no Atacado no País de Destino, Diminuído do Lucro ("PVA"), Método do Preço de Venda no Varejo no País de Destino, Diminuído do Lucro ("PVV"), Método do Custo de Aquisição ou de Produção mais Tributos e Lucro ("CAP") e Método do Preço sob Cotação na Exportação ("PECEX").

[5] SCHOUERI, Luis Eduardo. "Preços de transferência do direito tributário brasileiro". 3ª edição. São Paulo. Dialética, 2013. P. 9.

As regras brasileiras de preços de transferência sempre se mostraram eficientes para coibir a transferência de divisas tributáveis do Brasil para o exterior, que seriam facilitadas em operações comerciais internacionais entre sociedades de um mesmo grupo econômico. Todavia, sempre foram alvo de críticas por não disporem de mecanismos para a alcançar, de forma efetiva, os parâmetros de mercado (padrão *arm's length*), ou para evitar a bitributação[6].

Na prática empresarial, verifica-se grande dificuldade prática para aplicação dos métodos PIC e PVEx, os quais permitem a parametrização dos preços de transferência com preços de mercado na importação e exportação, respectivamente. Ao lado dos métodos PCI e PECEx (de aplicação mais restrita, aplicados apenas a operações com *commodities*), são os únicos métodos previstos pela legislação brasileira que estão realmente sintonizados com o princípio *arm's length.*

Isso porque o PIC e o PVEx adotam como parâmetro os valores praticados em operações entre partes independentes, com bens e direitos idênticos ou similares. O PCI e o PECEX, por seu turno, tomam por base cotações oficiais de mercado. Em vista das dificuldades práticas da aplicação dos métodos PIC e PVEx (já que podem não haver operações em condições similares praticadas entre partes independentes), o legislador dispôs também sobre métodos baseados em margens fixas, sendo estes os mais comumente aplicados no Brasil, em virtude de sua "praticabilidade".

Embora permitam a aplicação prática dos ajustes de preços de transferência (são métodos de mais fácil aplicação, já que partem de um referencial de custo ou revenda, ao qual é aplicada uma margem fixa), os métodos de margens fixas tendem a distanciar o preço parâmetro do que seria uma condição normal de mercado (condição *arm's length*).

É o que se verifica nos casos de aplicação dos métodos PRL e CPL, aplicáveis a operações de importação; e dos métodos PVA, PVV e CAP, aplicáveis a exportações. Tais métodos, em regra, adicionam ou reduzem um percentual (margem fixa) dos valores de custo ou revenda, no Brasil ou no exterior, para fins de determinação do preço parâmetro.

Ainda, em operações de exportação, o legislador brasileiro preconiza a aplicação dos chamados *safe harbours* (cláusulas de salvaguarda), que

[6] Gregório, Ricardo Marozzi. "Preços de transferência – Arm's length e praticabilidade". Vol. 5. Quartier Latin. São Paulo, 2011, p. 65.

dispensam da aplicação de métodos os contribuintes que atenderem a determinadas condições (lucratividade mínima em operações locais, flexibilização da margem fixa, etc.).

Os percentuais (margens fixas) indicados pela legislação brasileira para aplicação desses métodos, por serem genéricos e não considerarem necessariamente a realidade do mercado em que estão inseridos os contribuintes, acabam gerando uma série de distorções, dentre as quais destacamos (como meros exemplos de um rol mais extenso): (i) o desestímulo da contratação de importação/exportação de bens, serviços, direitos e de empréstimos, por sociedades brasileiras, com partes vinculadas no exterior; (ii) autuações milionárias atualmente discutidas pelos contribuintes (ainda concentradas na esfera administrativa, mas que serão continuadas na esfera judicial); (iii) fechamento de empresas brasileiras pela perda de competitividade; (iv) retirada do capital estrangeiro do país; dentre outros.

1.2. O objeto do presente estudo: A importância das margens de lucro alternativas em preços de transferência

Em vista do cenário brevemente descrito acima, o presente estudo se propõe a examinar instrumentos viáveis, sob a perspectiva jurídica e prática, para a aplicação de margens alternativas em preços de transferência.

Se por um lado as margens fixas geram distorções, por outro facilitam o controle das operações sujeitas às regras de preços de transferência no Brasil. Isto é, embora não sejam mecanismos propriamente aptos a equiparar operações entre partes vinculadas a operações entre partes independentes, os métodos de margens fixas são mecanismos importantes para coibir a transferência indevida de recursos tributáveis do Brasil para o exterior.

A praticabilidade dos métodos de margens fixas, portanto, deve ser examinada como contraponto à necessidade de a regra brasileira de preços de transferência observar ao princípio *arm's length*, preconizado pelo modelo OCDE.

Embora não encontre previsão expressa na Constituição Federal brasileira, ou no Código Tributário Nacional ("CTN"), o princípio *arm's length* decorre da conjugação de todos os princípios e garantias fundamentais dos contribuintes brasileiros, como será abordado em capítulo específico deste estudo (capítulo II).

Em casos de impossibilidade de aplicação dos métodos *arm's length* (PIC, PCI, PVEx e PECEX), os contribuintes brasileiros que transacionam com partes vinculadas localizadas no exterior se veem obrigados a ajustar os preços praticados pelos métodos de margens fixas (CPL, PRL, CAP, PVA e PVV).

Quando incompatíveis com a realidade de mercado, as margens fixas podem ocasionar, de um lado, a tributação de valores que não constituem renda, impondo ao contribuinte brasileiro, sujeito a regras de preços de transferência, tratamento tributário mais gravoso do que o suportado pelo contribuinte que transaciona com partes independentes; de outro, a evasão fiscal em decorrência da manipulação de preços e alocação dos lucros tributáveis em países com tratamento fiscal mais benéfico (*profit shifting*).

Exemplificando, se a margem fixa for maior que a margem de mercado para o controle de importações, o preço parâmetro será excessivamente reduzido, resultando na tributação de valores que não constituem renda. Contrariamente, se para o controle das mesmas operações a margem fixa for menor que a margem de mercado, o contribuinte que artificialmente majorar seus custos de importação (transferindo assim lucros tributáveis do Brasil para o exterior) poderá não se sujeitar a ajustes de preços de transferência.

Portanto, a metodologia de margens fixas se mostra potencialmente danosa tanto para os contribuintes quanto para o Fisco, pois, embora disponha de grande praticabilidade (dispensa a busca de referenciais comparativos de mercado), pode ocasionar ajustes excessivos (prejudicando contribuintes) ou deixar de ajustar operações em que houve manipulação de preços (prejudicando o Fisco).

É nesse ponto que residem as principais críticas ao modelo brasileiro, baseado preponderantemente na metodologia de margens fixas. E a solução para essa problemática reside, em breve síntese, na aplicação de instrumentos que permitam a utilização efetiva de margens alternativas quando da aplicação dos métodos CPL, PRL, CAP, PVA e PVV.

A legislação brasileira prevê expressamente que o Ministro da Fazenda, em situações justificadas, pode alterar as margens fixas praticadas nos aludidos métodos (artigo 20 da Lei nº 9.430/1996). As diretrizes para alteração de margens são atualmente identificadas na Portaria nº 222/2008, na Instrução Normativa (IN) nº 1.312/2012 e na IN nº 1.669/2016.

Tais normativos, de forma geral, trazem ao ordenamento jurídico brasileiro os chamados Acordos de Preços Antecipados (*Advance Pricing Arrangements* – "APAs"), em suas modalidades unilateral (restrita a contribuintes brasileiros e fisco brasileiro) e bilateral (permitindo a interação de contribuintes e fiscos brasileiros e estrangeiros, especificamente nas hipóteses em que há Tratado firmado entre os diferentes participantes), com finalidade específica (alteração das margens fixas dos métodos expressamente indicados na Lei nº 9.430/1996 – hipótese da Portaria nº 222/2008), ou genérica (qualquer situação de dupla tributação, o que compreende a possibilidade de alteração de margens fixas – hipótese da IN nº 1.669/2016).

Até a edição da IN nº 1.669/2016, a legislação brasileira fazia referência apenas ao APA "brasileiro" ou "unilateral" (conforme previsto pela Portaria nº 222/2008). Posteriormente à edição da IN nº 1.669/2016, a legislação brasileira passou a fazer referência também aos APAs "bilaterais" ou "multilaterais", inspirados no modelo OCDE, previstos nos Tratados Internacionais para Evitar a Dupla Tributação ("Tratados"), também conhecidos como *Mutual Agreement Proceedings* – "MAPs")[7].

Diferentemente dos APAs unilaterais da Portaria nº 222/2008, os APAs do modelo OCDE não objetivam apenas permitir a utilização de margens alternativas para métodos predeterminados (por exemplo, CPL, PRL, CAP, PVA e PVV). Pelo contrário, preveem a possibilidade de aproximação de contribuintes e fiscos de diferentes jurisdições para, através de ações conjuntas, alcançarem medidas efetivas para alcançar o padrão *arm's length* e afastar a bitributação, ainda que desvinculadas desses métodos (o que compreende, em preços de transferência, não apenas a aplicação de margens alternativas, mas também a realização de ajustes correspondentes e a utilização de métodos alternativos, como o TNMM e o PSM).

Considerando que os Tratados firmados pelo Brasil dispõem de mecanismos precários para eliminar a dupla tributação em matéria de preços de transferência (como será abordado em detalhes no capítulo II, já que é vedada a utilização de ajustes correspondentes e métodos alternativos), o pleito por margens alternativas, seja por APAs unilaterais, bilaterais ou multilaterais (já que não vedada pela legislação brasileira), pode ser considerada como uma alternativa para sanar as distorções causadas pela metodologia de margens fixas do modelo brasileiro.

[7] Sobre o tema: SILVA, Mauro. "*A utilização do acordo de preços antecipado (APA) no regime de controle de preços de transferência*". Revista Dialética de Direito Tributário (RDDT) nº 137. Fevereiro de 2007, p. 91 ss.

Com a edição da Lei nº 12.715/2012 (que alterou a Lei nº 9.430/1996), as principais discussões em torno do PRL (método mais largamente utilizado, e também o mais controverso) e outras disputas acerca da aplicação dos métodos de preços de transferência foram substancialmente reduzidas, já que introduzido um rol de margens mais amplo, aplicável a diferentes setores econômicos. Em um futuro próximo, serão menos frequentes as discussões sobre a legalidade de dispositivos infralegais que trazem metodologias inovadoras em relação ao texto da Lei nº 9.430/1996 (como ainda ocorre, por exemplo, em relação à IN nº 243/2002, no que diz respeito ao PRL 60, detalhadamente abordada no capítulo 3 deste estudo).

Não obstante, essa diminuição no cenário de disputas e controvérsias não significa que o modelo brasileiro não comporte distorções, decorrentes da preponderante aplicação da metodologia de margens fixas (já que, em muitos casos, são incompatíveis com a realidade dos contribuintes, resultando em ajustes abusivos e dupla tributação), sobretudo quando inaplicáveis os métodos *arm's length* (PIC, PCI, PVEx e PECEX).

Dessa forma, parece-nos que os futuros estudos e discussões estarão voltados, muito possivelmente, para a utilização de margens alternativas para os métodos de margens fixas (em especial o PRL e o CAP, por serem os de mais simples aplicação prática e mais largamente utilizados).

A análise da viabilidade jurídica e prática da utilização de margens alternativas constitui, portanto, o cerne do presente estudo. O tema se mostra desafiador, na medida em que ainda são raros os casos práticos em que sociedades brasileiras se propuseram a comprovar a regularidade de preços de transferência com margens alternativas, tanto no que diz respeito aos APAs unilaterais, como em relação aos APAs bilaterais ou multilaterais. A jurisprudência e a doutrina sobre o tema são igualmente escassas e serão abordadas e citadas, sempre que aplicáveis.

E considerando o momento atual, em que o Brasil pleiteia sua adesão à OCDE (havendo uma tendência de harmonização do modelo brasileiro ao modelo OCDE), o tema ganha contornos de maior relevância. O que se espera é que a ampliação dos estudos e debates que permitam, num futuro próximo, a efetiva implementação de margens alternativas em casos concretos.

A proposta do estudo não é de inviabilizar ou restringir a aplicação das margens fixas. Pelo contrário, sabe-se de sua praticabilidade e importância na facilitação do controle de preços de transferência, pelo que deve ser prestigiada, idealmente, como uma "opção" e não como uma "imposição" ao contribuinte (como se fossem *safe harbours*). A margem alternativa, por seu turno, deve ser viabilizada como instrumento apto a harmonizar, na prática, o modelo brasileiro ao modelo OCDE, aproximando os preços de transferência aos que seriam praticados em condições normais de mercado (em efetivas condições *arm's length*).

1.3. A estrutura proposta para o estudo do tema

Este *capítulo primeiro* aborda as noções preliminares sobre preços de transferência no modelo brasileiro e a problemática das margens fixas. Aborda ainda a existência de instrumentos legais para a utilização de margens alternativas, muito embora não sejam aplicáveis em casos práticos, o que sinaliza para a importância do tema e da ampliação de debates a respeito de medidas que possam permitir a efetiva implementação de margens alternativas em preços de transferência (conforme itens 1.1 e 1.2 acima).

O *capítulo segundo* aborda o princípio *arm's length* (diretriz central do modelo OCDE) e a necessidade de a regra brasileira de preços de transferência aproximar operações entre partes vinculadas às praticadas em condições normais de mercado. Examina a relação do princípio *arm's length* com os princípios constitucionais brasileiros (garantias fundamentais dos contribuintes), notadamente os de legalidade, vinculação do ato administrativo, isonomia (igualdade) e capacidade contributiva. Demonstra-se que a metodologia de margens fixas, se inflexível na prática (embora genericamente prevista como possível no ordenamento jurídico), resulta em distorções (distanciamento das condições *arm's length*) e, consequentemente, na inconstitucionalidade das regras brasileiras de preços de transferência.

O *capítulo terceiro* aborda a legislação de preços de transferência no Brasil, considerando-se: (i) os sujeitos das regras brasileiras de preços de transferência ("aspectos subjetivos da norma", com abordagem sobre o conceito e alcance do termo "pessoas vinculadas"); (ii) os aspectos gerais de sua aplicação ("aspectos objetivos da norma"); e (iii) o detalhamento de cada um dos métodos existentes no ordenamento legal brasileiro. O capítulo examina, ainda, as principais controvérsias entre fisco e contribuintes em matéria de preços de transferência, bem como as distorções causadas pela aplicação dos métodos de margens fixas.

O *capítulo quarto* trata das regras que dão suporte propriamente à utilização de margens alternativas, bem como à implementação dos APAs unilaterais, bilaterais e multilaterais, considerando as regras previstas na legislação brasileira (na Lei nº 9.430/1996, na Portaria nº 222/2008, na IN nº 1.312/2012 e na IN nº 1.669/2016), a limitação de seu alcance em relação aos instrumentos do modelo OCDE, e a possibilidade de sua utilização como forma de sanar as distorções causadas pelas margens fixas. São abordados os aspectos relacionados à sua natureza jurídica (de consulta formal), os procedimentos práticos para sua implementação (momento, forma, documentação necessária e pontos de atenção), bem como os óbices que podem ser encontrados pelos contribuintes em casos concretos.

O *capítulo quinto* traz as conclusões do estudo, fazendo uma síntese objetiva dos aspectos favoráveis e contrários à utilização de margens alternativas, através dos APAs previstos no ordenamento legal brasileiro. Pondera a necessidade de aprimoramento das regras brasileiras que versam sobre o tema, de modo a tornar o pleito de margens alternativas uma realidade, e não uma mera possibilidade teórica.

2.
O Princípio *Arm's Length* e o Modelo OCDE

2.1. Contexto macroeconômico

No contexto de crescente globalização econômica das últimas décadas, surgiram grandes grupos econômicos e as sociedades passaram a atuar em nível internacional, sendo comum a figura das multinacionais.

Se por um lado a globalização é positiva por tornar mais eficientes e dinâmicas as relações empresariais, reduzindo custos e preços em escala global; o lado negativo é a manipulação de preços para a transferência de lucros tributáveis para países com tributação favorecida.

Ricardo Marozzi Gregório[8] observa que tal transferência, que pode ser voluntária ou involuntária, tem a possibilidade de provocar uma grande distorção na alocação dos tributos incidentes sobre os lucros. Por isso, os Estados nacionais têm grande preocupação em conter a manipulação dos preços pagos a título de remuneração dos fatores de produção no interior dos grupos multinacionais.

Da preocupação mencionada pelo autor resultaram intensos debates e diversos estudos, com o objetivo de criar mecanismos para evitar a manipulação do assim chamado preço de transferência. O ponto de partida comum a tudo que se discute sobre preços de transferência é o princípio *arm's length*.

[8] GREGORIO, Ricardo Marozzi. Op. cit. 6, p. 24.

2.2. O surgimento do princípio *arm's length* no modelo OCDE

Embora se tenha notícia de estudos e legislações que façam referência à temática de preços de transferência desde o início do século XX, o tema ganhou destaque em 1995, com a publicação das diretrizes (*guidelines*) da OCDE.

As *guidelines* decorrem de uma revisão dos relatórios da OCDE intitulados *Transfer Pricing and Multinational Enterprises*, publicados em 1979 e 1984, e trazem como premissa central o princípio *arm's length*.

Arm's length é expressão inglesa que, traduzida para o português, significa a "distância de um braço". Traduz a ideia de paridade que deve ser observada nas relações entre partes não independentes, para que suas condições se aproximem, o máximo possível, das verificadas em operações entre partes independentes (condições normais de mercado).

O princípio *arm's length* tem suas diretrizes gerais firmadas pelo artigo 9º, §1º, da Convenção Modelo da OCDE (modelo OCDE):

> 1. Quando: a) uma empresa de um Estado contratante participar, direta ou indiretamente, na direção, no controle ou no capital de uma empresa do outro Estado contratante; ou b) as mesmas pessoas participarem direta ou indiretamente, na direção, no controle ou no capital de uma empresa de um Estado contratante e de uma empresa do outro Estado contratante, e em ambos os casos, as duas empresas, nas suas relações comerciais ou financeiras, estiverem ligadas por condições aceitas ou impostas que difiram das que seriam estabelecidas entre empresas independentes, os lucros que, se não existissem essas condições, teriam sido obtidos por uma das empresas, mas não foram por causa dessas condições, podem ser incluídos nos lucros dessa empresa e, consequentemente, tributados. (Tradução livre do original)

As regras de preços de transferência tomam como base um parâmetro (traduzido pelo artigo 9º Convenção Modelo da OCDE como as "condições estabelecidas entre partes independentes"), para então determinar os ajustes tributáveis com base nas diferenças apuradas. A busca por tais condições caracteriza a base do princípio *arm's length*.

Se os ajustes tributários forem excessivos, de modo que um Estado tribute lucros que, em condições normais de mercado, seriam tributados no outro Estado, essas condições devem ser ajustadas, evitando assim a bitributação[9]. Para tanto, a Convenção Modelo faz referência expressa à possibilidade de comunicação, se necessário, entre as autoridades fiscais dos diferentes Estados envolvidos (em seu § 2[10]).

Assim, a Convenção Modelo da OCDE busca um modelo de equilíbrio tributário, através da aplicação de ajustes de preços de transferência, para afastar a bitributação. Observa Alberto Xavier que "*precisamente para afastar esse resultado* [bitributação], *o parágrafo 2º do art. 9º do Modelo OCDE impõe ao outro Estado a obrigação de efetuar os ajustes adequados, devendo, se necessário, consultar as autoridades competentes do outro Estado*"[11].

Contudo, há notável diferença na abordagem dos Tratados firmados pelo Brasil em comparação ao Modelo OCDE, no que diz respeito a preços de transferência. Ambos tomam por base o princípio *arm's length*, mas o modelo brasileiro (reproduzido nos Tratados) não aborda os mecanismos práticos para solucionar a problemática da bitributação.

2.3. *Arm's length* no Brasil: Abordagem dos Tratados e da legislação ordinária

Nos Tratados firmados pelo Brasil é feita referência apenas parcial ao artigo 9º da Convenção Modelo da OCDE. O modelo brasileiro reproduz

[9] O fenômeno da "bitributação" resulta em dupla incidência do imposto, no Brasil e no exterior, em decorrência de uma mesma operação. Exemplificativamente, no âmbito das regras de preços de transferência, a limitação à dedutibilidade do custo de importação para a sociedade brasileira, associado à sua tributação total no exterior pelo exportador estrangeiro, resulta em distorção pela bitributação. O mesmo se verifica em operações de exportação do Brasil para o exterior, quando a legislação brasileira de preços de transferência exige um valor mínimo tributável superior à dedutibilidade dos custos de exportação no exterior.

[10] 2. Quando um Estado contratante incluir nos lucros de uma empresa deste Estado – e tributar nessa conformidade – os lucros pelos quais uma empresa do outro Estado contratante foi tributada neste outro Estado, e os lucros incluídos deste modo constituírem lucros que teriam sido obtidos pela empresa do primeiro Estado, se as condições impostas entre as duas empresas tivessem sido as condições que teriam sido estabelecidas entre empresas independentes, o outro Estado procederá ao ajustamento adequado do montante do imposto aí cobrado sobre os lucros referidos. Na determinação deste ajustamento, serão tomadas em consideração as outras disposições da Convenção e as autoridades competentes dos Estados contratantes consultar-se-ão, se necessário. (Tradução livre do original)

[11] Xavier, Alberto. "Direito tributário internacional do Brasil". Forense. Rio de Janeiro, 2010, p. 330.

o § 1º do artigo 9º (que aborda o princípio *arm's length*) e suprime o § 2º (que trata da sistemática da bitributação e mecanismos de ajustes mútuos)[12].

As regras brasileiras de preços de transferência, inseridas nos artigos 18 a 24 da Lei nº 9.430/1996, tiveram clara inspiração no modelo OCDE. Todavia, sua exposição de motivos indica que o objetivo principal da norma seria evitar a "pratica lesiva" ou a "manipulação de preços"[13].

Andou mal o legislador, pois ainda que a legislação tenha sido editada com esse intuito, tal fato não deveria ser usado como prejulgamento de que todas as operações realizadas entre partes relacionadas estariam relacionadas a fraudes ou à evasão fiscal[14].

O modelo OCDE exige expressamente a observância de mecanismos para evitar a bitributação. Isto é, em âmbito internacional, o modelo OCDE revela clara preocupação: (i) em coibir planejamentos tributários abusivos, decorrentes de manobras de preços praticados entre partes vinculadas (que podem resultar em transferência de divisas tributáveis e sua concentração em jurisdições com tratamento tributário favorecido); e (ii) com a criação de mecanismos para evitar as distorções decorrentes da aplicação das regras de preços de transferência, em especial a bitributação.

No modelo brasileiro, as regras práticas refletem apenas parcialmente o modelo OCDE. O modelo brasileiro visa, em primeiro lugar, coibir a transferência de lucros tributáveis do Brasil para o exterior. Os demais objetivos do modelo OCDE (evitar bitributação e criar mecanismos para

[12] A não inclusão do § 2º ao artigo 9º resultou na denúncia do Tratado Brasil-Alemanha, pela Alemanha. Isso porque o modelo claramente beneficia os interesses do Fisco brasileiro, colocando em segundo plano os mecanismos de equilíbrio e de combate a bitributação que beneficiariam mutuamente contribuintes brasileiros e alemães e evitariam distorções tributárias.

[13] Exposição de Motivos da Lei nº 9.430/1996 (item 12): "As normas contidas nos arts. 18 e 24 representam significativo avanço na legislação nacional face ao ingente processo de globalização, experimentado pelas economias contemporâneas. No caso específico, em conformidade com as regras adotadas nos países integrantes da OCDE, são propostas normas que possibilitam o controle dos denominados 'Preços de transferência', de forma a evitar a prática, lesiva aos interesses nacionais de transferência de resultados para o exterior, mediante a manipulação dos preços pactuados nas importações ou exportações de bens, serviços ou direitos, em operações com pessoas vinculadas, residentes ou domiciliadas no exterior".

[14] Nesse sentido: GALHARDO, Luciana Rosanova. Rateio de despesas no direito tributário. São Paulo. Quartier Latin, 2004. P. 66.

efetiva parametrização ao *arm's length*) não são abordados de forma privilegiada pela legislação brasileira. São consequências secundárias possíveis (não obrigatórias), que raramente se verificam na prática.

2.4. Dificuldade prática do *arm's length* no modelo brasileiro

Pela amplitude das operações sujeitas ao controle de preços de transferência, é possível que inexistam parâmetros concretos de mercado para as comparações que servirão de base para ajustes tributáveis. Para esses casos, seriam inaplicáveis os métodos PIC, PVEx, PCI e PECEx (únicos que, de fato, parametrizam as operações entre partes relacionadas às praticadas entre partes independentes).

Jonathan Vita observa que o princípio *arm's length* possui um limite teórico ("ponto cego"), sendo necessária a criação, pelo legislador, de mecanismos incompatíveis com as condições reais de mercado para alocar corretamente a carga tributária para cada uma das empresas vinculadas[15]. Esses mecanismos são os "modelos não *arm's length*", ou métodos de margens fixas (CPL, PRL, CAP, PVA e PVV), que permitem alocar, com facilidade, uma margem tributável mínima no Brasil em operações entre partes vinculadas.

Embora os métodos de margens fixas sejam importantes principalmente sob a perspectiva da "praticabilidade", deve-se ter em mente que sua aplicação não considera a realidade de mercado (o padrão *arm's length*). Consequentemente, pela sua aplicação, alguns contribuintes podem se beneficiar (superfaturando importações ou subfaturando exportações, sem ajustes de preços de transferência) e outros podem ser excessivamente prejudicados (sofrendo a imposição de ajustes sem que tenha havido qualquer superfaturamento ou subfaturamento)[16].

[15] VITA, Jonathan Barros. Preços de transferência. São Paulo. Fiscosoft. Revista dos Tribunais, 2014. Pp. 109-110. Nas palavras do autor: "*O sistema econômico não consegue (re)produzir todas as operações possíveis para construção de um parâmetro (como no caso da impossibilidade de construção de derivativos para cobrir emissão de opções) e, neste caso, o arm's length atinge seu limite teórico, devendo ser suplantado com uma aplicação mais contingente de como alocar os riscos assumidos entre partes dependentes que não possuam paralelo entre partes independentes*".

[16] Sobre o exame comparativo dos princípios *arm's length* e de praticabilidade em matéria de preços de transferência, fazemos referência à excelente obra de Ricardo Marozzi Gregório: "Preços de transferência – Arm's length e praticabilidade". Op. Cit. 6.

Exemplificando: uma sociedade que industrializa autopeças e outra que industrializa medicamentos podem enfrentar a mesma dificuldade para encontrar parâmetros concretos de comparação no mercado (o que inviabilizaria a utilização dos métodos PIC e PEVEx), restando-lhes a aplicação do mais benéfico[17] entre os métodos de margens fixas (métodos PRL, CPL, PVA, PVV ou CAP).

Nesse exemplo hipotético, se a margem de lucro praticada pelo setor farmacêutico for muito maior do que a verificada no setor de autopeças, a utilização de qualquer dos métodos de margens fixas vai gerar um tratamento tributário distinto a contribuintes sujeitos à aplicação de uma mesma norma.

Portanto, a depender das margens que são normalmente praticadas no mercado de cada segmento, a aplicação das margens fixas dos métodos da Lei nº 9.430/1996 pode resultar em ajustes muito maiores do que seria razoável em uma condição normal de mercado, desdobrando os limites de sua capacidade contributiva. Por outro lado, se a margem fixa for menor do que a margem normal de mercado, a legislação brasileira acaba criando margem para planejamentos tributários internacionais, com alocação indevida de lucros tributáveis do Brasil para o exterior.

A partir dessas considerações preliminares, evidencia-se a importância da utilização de margens alternativas para ajustes de preços de transferência. A restrição à sua utilização coloca em xeque a constitucionalidade da legislação sobre o tema, sob a perspectiva dos princípios e garantias fundamentais que norteiam a sua aplicação[18].

[17] A legislação brasileira de preços de transferência prestigia a aplicação do método mais benéfico ao contribuinte para determinação dos ajustes tributáveis (artigos 18, §§ 4º e 5º e 19, § 5º, da Lei nº 9.430/1996). As razões dessa determinação serão abordadas em detalhe ao longo deste estudo.

[18] Sobre a inconstitucionalidade das regras brasileiras de preços de transferência, fazemos referência à obra de Vivian de Freitas e Rodrigues de Oliveira – "Preço de transferência como norma de ajuste do imposto sobre a renda" (Editora Noeses. São Paulo, 2015) – resultante de sua tese de dissertação em doutorado pela Faculdade de Direito da Universidade de São Paulo ("USP").

2.5. O *arm's length* sob a perspectiva dos princípios constitucionais brasileiros

2.5.1. Princípios como critérios de interpretação da norma jurídica – O *arm's length* como princípio brasileiro

Para Geraldo Ataliba[19], a Constituição se define, materialmente, como a lei que limita o poder do Estado e nessa matéria todas as constituições do mundo estabelecem limitações. Nessa mesma linha, Ruy Barbosa Nogueira[20] observa que a Constituição submete o sistema tributário nacional a vários princípios que consubstanciam, ao mesmo tempo, garantias constitucionais dos contribuintes.

As regras brasileiras de preços de transferência (normas hierarquicamente inferiores no âmbito do sistema jurídico brasileiro, em comparação com leis complementares, tratados e com a Constituição Federal) devem ser examinadas e interpretadas em conformidade com os princípios e garantias constitucionais dos contribuintes (hierarquicamente superiores no âmbito desse mesmo sistema).

O princípio *arm's length* não encontra previsão expressa na Constituição Federal, no CTN, ou na legislação ordinária sobre matéria tributária. Tal princípio decorre do modelo OCDE, que serviu de norte para a legislação tributária brasileira, tanto no âmbito do direito internacional (Tratados), como do direito doméstico (Lei nº 9.430/1996).

Não se deve observar o princípio *arm's length* de forma isolada, mas integrado aos princípios constitucionais brasileiros, para fins de interpretação da legislação tributária brasileira (conforme artigo 96 do CTN[21]), em especial no que diz respeito à aplicação das regras brasileiras de preços de transferência.

O princípio *arm's length* deve nortear a elaboração e a aplicação das regras brasileiras, que criam metodologias para equipar de operações entre partes vinculadas às praticadas entre partes independentes (em condições normais de mercado), evitando-se a transferência indevida de

[19] ATALIBA, Geraldo; e outros. "Interpretação no direito tributário". EDUC – Editora da Universidade Católica. São Paulo, 1975, pp. 13-23.

[20] NOGUEIRA, Ruy Barbosa. "Curso de direito tributário". Editora Saraiva. São Paulo, 1980, Pp. 118-119.

[21] Nos termos do artigo 96 do Código Tributário Nacional, a expressão "legislação tributária" corresponde as leis, os tratados e as convenções internacionais, os decretos e as normas complementares que versem, no todo ou em parte, sobre tributos e relações jurídicas a eles pertinentes.

lucros tributáveis no Brasil para o exterior (favorecida pela vinculação das partes), que pode resultar do superfaturamento de importações ou do subfaturamento de exportações.

Embora a ideia de padronização às condições de mercado seja a principal característica do princípio *arm's length*, a sua verificação enquanto princípio, para fins de aplicação da legislação tributária brasileira, só pode ocorrer por intermédio da aplicação integrada dos princípios efetivamente previstos no texto constitucional brasileiro.

Essa exigência não decorre apenas do fato de o Brasil não integrar o quadro de países integrantes da OCDE[22], mas como consequência da inexistência de previsão expressa do princípio *arm's length* no texto constitucional.

Isso não significa que tal princípio não tenha aplicabilidade para fins de interpretação das regras brasileiras de preços de transferência. Pelo contrário, o *arm's length* deve se mostrar como integrado aos princípios constitucionais, em especial o da estrita legalidade, da igualdade (isonomia), da tipicidade, da capacidade contributiva e da vinculação do ato administrativo.

Sob essa perspectiva integrada, o *arm's length* se mostra como efetivo princípio norteador da aplicação das regras brasileiras de preços de transferência. Isto é, apresenta-se como efetivo "princípio brasileiro", apto a resguardar as garantias fundamentais dos contribuintes em matéria tributária.

2.5.2. Estrita legalidade

O princípio da legalidade tributária encontra previsão nos artigos 5º, II e 150, I, da Constituição Federal, segundo os quais: (i) ninguém será obrigado a fazer ou deixar de fazer alguma coisa senão em virtude de lei;

[22] O Brasil não integra o quadro da OCDE, mas integra o quadro do G-20 e participa das discussões relativas aos planos de ação do BEPS. Até o momento, o plano de ações do BEPS não resultou em nenhuma alteração nas regras brasileiras de preços de transferência. O plano de ações visa coibir, de forma ampla, planejamentos tributários abusivos, relacionados a diversos temas de direito tributário internacional, dentre os quais, preços de transferência. A legislação brasileira, de forma geral é eficiente sob a perspectiva de coibir a evasão de divisas. Contudo, ainda há margem para planejamento tributário a depender do segmento econômico de determinados contribuintes (que praticam margens inferiores às margens fixas da Lei nº 9.430/1996). Os mecanismos abordados nesse estudo (aplicação de margens alternativas, viabilizadas a partir de APAs e MAPs), dessa forma, estão em sintonia com os planos de ação do BEPS.

e (ii) é vedado à União, aos Estados, ao Distrito Federal e aos Municípios exigir ou aumentar tributo sem lei que o estabeleça.

Sobre o alcance desse princípio, valemo-nos da lição de Gerd W. Rothmann[23], para quem o princípio da legalidade tributária se apresenta como proibição constitucional dirigida à administração pública de instituir ou aumentar tributo sem base legal. Compartilham desse entendimento Alberto Xavier[24] e Paulo de Barros Carvalho[25].

Ao examinar o tema sob a perspectiva dos preços de transferência, Vivian Rodrigues de Oliveira[26] considera que o princípio da legalidade se apresenta como a principal razão para que o modelo OCDE não seja aplicável no Brasil de forma irrestrita. Em suas palavras:

> Em matéria de preços de transferência, não é possível aderir ao modelo OCDE exatamente porque a legalidade é inafastável e não podemos conceber tributação com "tipos abertos", onde não haja uma perfeita conexão da hipótese de incidência com o fato jurídico tributário construído com fundamento na norma geral e abstrata. O modelo OCDE no Brasil se aproximaria de uma tributação por analogia, o que nosso sistema não permite.

[23] ROTHMANN, Gerd W. "O princípio da legalidade tributária". Trabalho apresentado no Curso de Doutorado, na cadeira de Direito Tributário Comparado, sob orientação e regência do Professor Catedrático Ruy Barbosa Nogueira, na Faculdade de Direito da USP. Em suas palavras: "*Por força do princípio da legalidade tributária, exige-se que a lei formal determine todos os elementos constitutivos da obrigação tributária, ou seja, todos os aspectos do fato gerador. Uma lei que autoriza a cobrança de tributos não pode deixar ao critério da administração a diferenciação objetiva, ela própria tem que realizar esta diferenciação*".

[24] XAVIER, Alberto. "Os princípios da legalidade e da tipicidade da tributação". Editora Revista dos Tribunais. São Paulo, 1978, P. 44. Em suas palavras: "*o direito tributário é de todos os ramos do Direito aquele em que a segurança jurídica assume a sua maior intensidade possível e é por isso que nele o princípio da legalidade se configura como uma reserva absoluta de lei formal*".

[25] CARVALHO, Paulo de Barros. "Curso de direito tributário". Editora Saraiva. São Paulo, 2005, P. 158. Em suas palavras: "*O veículo introdutor da regra tributária no ordenamento há de ser sempre a lei (sentido lato), porém o princípio da estrita legalidade diz mais que isso, estabelecendo a necessidade de que a lei adventícia traga no seu bojo os elementos descritores do fato jurídico e os dados prescritores da relação obrigacional. Esse plus caracteriza a tipicidade tributária, que alguns autores tomam como outro postulado imprescindível ao subsistema de que nos ocupamos, mas que pode, perfeitamente, ser tido como uma decorrência imediata do princípio da estrita legalidade*".

[26] OLIVEIRA, Vivian de Freitas e Rodrigues de. "Preço de transferência como norma de ajuste do imposto sobre a renda". Editora Noeses. São Paulo, 2015, p. 33. Op. Cit. 18".

Concordamos com a autora no que diz respeito à impossibilidade de a autoridade fiscal exigir tributo com base em método alternativo importado do modelo OCDE, que não teria base no ordenamento legal brasileiro. Isso porque, conforme preceituam os artigos 5º e 151 da Constituição Federal, seria vedada a exigência ou aumento de tributo sem lei que o estabeleça.

Todavia, restrições acerca da possibilidade de os contribuintes fazerem prova da regularidade dos preços praticados com base no modelo OCDE devem ser examinadas com ressalvas.

Isto porque, a nosso ver, o modelo OCDE apenas não seria aplicável naquilo que incompatível com o sistema jurídico brasileiro. Isto é, não seria possível aplicá-lo para viabilizar a aplicação alternativa de métodos que resultem em majoração da tributação, por violação de preceito constitucional fundamental.

Assim, não vislumbramos óbices para aplicação do modelo OCDE para obtenção de margens alternativas que viabilizem a parametrização dos preços de transferência a condições normais de mercado. Observa-se que não há, na legislação brasileira, nenhuma regra que restrinja ou proíba a utilização de margens alternativas.

Pelo contrário, ainda que de forma precária, o próprio texto da Lei nº 9.430/1996 faz referência a essa possibilidade em seu artigo 20. Nos termos do aludido dispositivo, é permitido ao Ministro da Fazenda alterar os percentuais de que tratam os métodos de margens fixas (PRL, CPL, PVA, PVV e CAP), em circunstâncias justificadas, de ofício ou mediante requerimento dos contribuintes, que devem comprovar essa margem com publicações, pesquisas ou relatórios (artigo 21 da Lei nº 9.430/1996)[27] [28].

A Lei nº 9.430/1996 e as normas regulamentares brasileiras (Portaria nº 222/2008, IN nº 1.312/2012 e IN nº 1.669/2016) dispõem sobre os procedimentos gerais para a utilização das margens alternativas, inclusive fazendo referência aos APAs e MAPs dos Tratados (inspirados no modelo OCDE), que também poderiam ser utilizadas como norte para o intérprete

[27] Art. 21 (...)

§ 2º Admitir-se-ão margens de lucro diversas das estabelecidas nos arts. 18 e 19, desde que o contribuinte as comprove, com base em publicações, pesquisas ou relatórios elaborados de conformidade com o disposto neste artigo.

[28] Desde sua relação original, a Lei nº 9.430/1996 possibilitava a alteração dos percentuais indicados para os métodos de margens fixas em "circunstâncias especiais" (contudo, sem qualquer menção a "requerimento" por parte do contribuinte).

brasileiro (inclusive de modo a suprir as lacunas da legislação brasileira), quando não forem incompatíveis com a legislação e com o texto constitucional pátrio (conforme autoriza o artigo 96 do CTN).

Portanto, a nosso sentir, o pleito de utilização de margens alternativas pelos contribuintes brasileiros e o seu deferimento pelo fisco brasileiro, no âmbito de APAs e MAPs, firmados em consonância o ordenamento pátrio (que compreende a Constituição Federal, a legislação complementar e ordinária, portarias e instruções normativas), não viola o princípio da legalidade tributária.

2.5.3. Vinculação do ato administrativo

O princípio da vinculação do ato administrativo decorre do princípio da legalidade e encontra previsão no artigo 37 da Constituição Federal[29]. Em direito tributário, a atividade das autoridades fiscais é vinculada e não discricionária. Isto significa que qualquer ato tendente à formalização de exigências tributárias deve, necessariamente, estar pautado em um comando legal, conforme a lição de Hely Lopes Meirelles[30].

Em decorrência do princípio da vinculação do ato administrativo, a autoridade fiscal fica obrigada à aplicação das regras brasileiras de preços de transferência, tal qual disposta na Lei nº 9.430/1996 e demais normativos aplicáveis à matéria (inclusive Tratados, devendo suas determinações se sobreporem à legislação ordinária, por força do artigo 98 do CTN).

No que diz respeito às margens alternativas, a própria Lei nº 9.430/96 autoriza que o contribuinte solicite a sua utilização às autoridades do

[29] Art. 37. A administração pública direta e indireta de qualquer dos Poderes da União, dos Estados, do Distrito Federal e dos Municípios obedecerá aos princípios de legalidade, impessoalidade, moralidade, publicidade e eficiência (...).

[30] MEIRELLES, Hely Lopes. "Direito administrativo brasileiro". Editora Revista dos Tribunais. São Paulo, 1983, P. 120-121. Em suas palavras: "*atos vinculados ou regrados são aqueles para os quais a lei estabelece os requisitos e condições de sua realização. Nessa categoria de atos, as imposições legais absorvem, quase que por completo, a liberdade do administrador, uma vez que sua ação dica adstrita aos pressupostos estabelecidos pela norma legal, para a validação da atividade administrativa. Desatendido qualquer requisito, compromete-se a eficácia do ato praticado, tornando-se passível de anulação pela própria Administração, ou pelo Judiciário, se assim o requerer o interessado*". Como contraponto, o autor conceitua, como atos discricionários, aqueles "*que a Administração pode praticar com liberdade de escolha de seu conteúdo, de seu destinatário, de sua conveniência, de sua oportunidade e do modo de sua realização. A rigor, a discricionariedade não se manifesta no ato em si, mas no poder de a Administração praticá-lo pela maneira e nas condições que repute mais convenientes ao interesse público*".

Ministério de Fazenda (conforme artigos 20 da Lei 9.430/96). A Portaria nº 222/2008, a IN nº 1.312/2012 e a IN nº 1.669/2016 trazem os procedimentos gerais para sua utilização, em relação a cada um dos métodos de margens fixas (no caso da Portaria nº 222/2008 e da IN nº 1.312/2012) e genericamente, para qualquer hipótese de dupla tributação (no caso da IN nº 1.669/2016, nos termos dos Tratados, via APAs unilaterais e multilaterais), conforme detalhado no capítulo IV deste estudo.

Cabe à autoridade deferir ou indeferir o pleito do contribuinte, observado o direito de contraditório e ampla defesa. Em casos excepcionais (nunca vistos na prática, embora se tenha conhecimento de pleitos já apresentados, ainda pendentes de análise), a autoridade pode determinar de ofício a margem alternativa, desde que justificadamente.

Não há qualquer dispositivo no ordenamento legal que "obrigue" as autoridades a autorizarem a aplicação de margens alternativas. O texto legal faz referência à possibilidade de sua utilização, em circunstâncias justificadas, de ofício ou mediante requerimento do contribuinte.

Caso o contribuinte apresente documentos aptos a comprovar a adequação da margem alternativa (com base em publicações ou relatórios oficiais, pesquisas efetuadas por empresa ou instituição de notório conhecimento técnico, nos termos da lei), as autoridades somente poderão desconsiderá-la de forma justificada.

Por outro lado, caso o pleito de margem alternativa seja deferido, resultando assim na edição de portaria ministerial que determina a sua aplicação para as situações especificamente apresentadas pelo contribuinte, a autoridade fiscal fica vinculada à sua observação. Portanto, para as hipóteses expressamente indicadas na portaria ministerial, a autoridade fiscal fica impedida de exigir ajustes de preços de transferência com base nas margens fixas previstas na Lei nº 9.430/1996.

É por essa razão que, como será abordado em detalhes no capítulo IV adiante, o pleito de margens alternativas (via APAs ou MAPs) se assemelha a uma consulta formal, que segue ao rito previsto no Decreto nº 70.235/1972. O resultado da consulta formal, como o pleito de margem alternativa, vincula a autoridade fiscal.

O pleito de margem alternativa, por si só, é um procedimento de natureza amigável e não contenciosa. Se por um lado a solução (materializada através de portaria) for favorável ao contribuinte, a autoridade fiscal fica vinculada aos seus termos. Se, por outro lado, a solução for desfavorável ao contribuinte, este pode ainda questioná-la pela via do contencioso. A vinculação é do fisco, não do contribuinte, em observância ao princípio de vinculação do ato administrativo.

2.5.4. Isonomia (igualdade)

O princípio de isonomia (ou igualdade) está previsto no artigo 5º, *caput*, da Constituição Federal. Em sua redação, todos são iguais perante a lei, sem distinção de qualquer natureza, garantindo-se aos brasileiros e aos estrangeiros residentes no País a inviolabilidade do direito à vida, à liberdade, à igualdade, à segurança e à propriedade.

Em matéria tributária, o princípio encontra disciplina no artigo 150, II, do texto constitucional. Em seus termos, sem prejuízo de outras garantias asseguradas ao contribuinte, é vedado à União, aos Estados, ao Distrito Federal e aos Municípios instituir tratamento desigual entre contribuintes que se encontrem em situação equivalente, sendo proibida qualquer distinção em razão de ocupação profissional ou função por eles exercida, independentemente da denominação jurídica dos rendimentos, títulos ou direitos.

Para Leandro Paulsen[31], "*a isonomia imposta pelo art. 150, II, da CF impede que haja diferenciação tributária entre contribuintes que estejam em situação equivalente, ou seja, discriminação arbitrária. Justifica-se a diferenciação tributária quando haja situações efetivamente distintas, se tenha em vista uma finalidade constitucionalmente amparada e o tratamento diferenciado seja apto a alcançar o fim colimado*". Esse entendimento é compartilhado por Paulo de Barros Carvalho[32] e Luciano Amaro[33].

[31] PAULSEN, Leandro. "Direito tributário: Constituição e Código Tributário à luz da doutrina e da jurisprudência". Editora Livraria do Advogado. ESMAFE. Porto Alegre, 2007, P. 194.

[32] Op. Cit. 25. P. 151. Nas palavras do autor: "*Seu destinatário é o legislador, entendido aqui na sua proporção semântica mais larga possível, isto é, os órgãos da atividade legislativa e todos aqueles que expedirem normas de juridicidade. (...) O conceito de igualdade, porém não é de fácil determinação. Autores ilustres pretenderam demarcá-lo, encontrando acerbas dificuldades, pois os valores não podem ser objetivados. Em função da sua plasticidade, amolda-se diferentemente aos múltiplos campos de incidência material das regras jurídicas, o que torna penosa a indicação precisa do seu conteúdo*".

[33] AMARO, Luciano. "Direito tributário brasileiro". Editora Saraiva. São Paulo, 1998, P. 131. Em suas palavras: "*Deve ser diferenciado (através de isenções ou de incidência tributária menos gravosa) o tratamento de situações que não revelem capacidade contributiva ou que mereçam um tratamento fiscal ajustado à sua menor expressão econômica. Hão de ser tratados, pois, com igualdade aqueles que tiverem*

Considerando o objetivo das regras de preços de transferência (parametrização de operações entre partes vinculadas a condições normais de mercado para coibir transferências indevidas de lucros tributáveis do Brasil para o exterior), o princípio de igualdade deve ser aplicado de forma a evitar que as operações praticadas entre partes vinculadas recebam tratamento fiscal distinto (mais ou menos favorável) do que o conferido a operações entre partes independentes.

A aplicação deste princípio é sensível no que diz respeito à aplicação dos métodos de margens fixas, previstos pela Lei nº 9.430/1996, pois o legislador não poderia determinar a aplicação das mesmas margens fixas para contribuintes que, comprovadamente, se encontram em realidades de mercado distintas (que praticam margens de lucro distintas). Isto é, para os quais as margens de lucro praticadas são muito díspares das margens fixas estabelecidas em lei.

A aplicação indiscriminada da margem fixa resulta em tratamento tributário desigual (maiores ou menores ajustes tributáveis) a contribuintes que se encontram a situação equivalente (sujeitos a ajustes com base em métodos de margens fixas). Neste ponto, a praticabilidade colide com o padrão *arm's length* e, sob a perspectiva da isonomia, aponta para potenciais inconstitucionalidades. Essa distorção é bem observada por Ricardo Marozzi Gregório[34]. Em suas palavras:

> O princípio da igualdade, quando transportado para a área tributária, determina que não se deve exigir dos contribuintes além de sua capacidade contributiva. Porém, é dever do Estado impor a mesma carga tributária aos que estão em situação equivalente. Por isso, o Estado brasileiro, por meio de seus representantes governamentais na área tributária, precisa se convencer de que o atual regime de controle de preços de transferência possibilita uma ilegítima tributação sobre contribuintes que se encontram em situação de equivalência com outros que não podem se beneficiar dos planejamentos propiciados pelo mecanismo das margens predeterminadas combinado com o da liberdade de escolha de métodos.

igual capacidade contributiva, e com desigualdade os que revelem riquezas diferentes e, portanto, diferentes capacidades de contribuir".

[34] Op. Cit. 6. P. 397

Por possuir mecanismos que fomentam a praticabilidade em uma intensidade desproporcional à realização do *arm's length*, a legislação brasileira não garante que os contribuintes não serão tributados além de suas capacidades contributivas nem que haverá equivalência entre contribuintes na mesma situação.

Se dois contribuintes (por exemplo, um que industrializa *tablets* e outro que industrializa panelas) não puderem aplicar o método PIC em suas importações de insumos industriais junto a partes vinculadas, o controle de seus preços de transferência deve seguir o CPL ou o PRL (métodos de margens fixas).

A depender das margens de mercado praticadas pelos setores de tecnologia e de utensílios domésticos (que tendem a ser distintas entre si), a aplicação das margens de 20% no CPL (sobre o custo de produção estrangeiro) e no PRL (descontada do preço de revenda no Brasil) pode, ou não, resultar em ajustes tributáveis.

Tais ajustes não decorrem necessariamente da transferência indevida de resultados tributáveis ao exterior (por superfaturamento das importações ou subfaturamento de exportações), mas simplesmente da diferença entre a margem fixa e a margem efetivamente praticada nos mercados em questão.

O contribuinte que manipula preços pode importar de partes vinculadas sem sofrer ajustes pelo PRL, desde que sua margem de lucro bruta seja superior à margem fixa estabelecida em lei (no PRL 20% atual, essa margem bruta corresponderia a 28%)[35]. Por outro lado, o contribuinte que não manipula os preços de importação sofrerá ajustes se a sua margem bruta de revenda for inferior a 28%.

Neste último caso, um contribuinte que não manipulou preços de importação receberia tratamento fiscal mais gravoso do que um contribuinte que opera com partes independentes (ou que não importa bens), apenas porque a margem praticada em suas revendas efetivas (por questões negociais normais de mercado) seria inferior à margem mínima exigida pela legislação de preços de transferência.

[35] Sobre as margens de lucro efetivas em relação ao PRL e identificação das margens de lucro efetivamente exigidas para evitar ajustes tributáveis, fazemos referência à obra de Demétrio Gomes Barbosa (*in* Preços de Transferência no Brasil – *Compliance* & Perspectiva Econômica". Editora Aduaneiras. São Paulo, 2015), cujas bases são exploradas neste estudo no tópico 4.3.

Observa-se, assim, que a metodologia de margens fixas conduz a ajustes operações de importação que não são superfaturadas, bem como de exportações que não são subfaturadas, apenas em decorrência da incompatibilidade da margem fixa com a realidade de mercado.

O tratamento tributário mais gravoso ao contribuinte que negocia com parte vinculada e sofre ajustes tributários, no caso, caracteriza a desigualdade tributária decorrente da aplicação da metodologia de margens fixas em preços de transferência. Essa desigualdade acarreta, necessariamente, em inconstitucionalidade por inobservância ao princípio de isonomia.

Não existe lógica para que os contribuintes de determinado segmento sofram tratamento mais gravoso do que outros, em decorrência da aplicação das regras de preços de transferência, simplesmente porque suas margens de lucro praticadas no Brasil (no caso do PRL ou CPL) ou no exterior (no caso do CAP, PVA ou PVV) se mostram mais ou menos distantes das margens fixas previstas em lei.

A solução para essa distorção depende (principalmente quando inviável a aplicação dos métodos PIC e PVEx) da aplicação de margens alternativas para flexibilização dos métodos CPL, PRL, CAP, PVA e PVV. Qualquer óbice à aplicação da margem alternativa, sem justificativa plausível, acarreta violação à Lei nº 9.430/1996 (que dispõe genericamente sobre a possibilidade de alteração das margens fixas, em situações justificadas) e à Constituição Federal (isonomia tributária).

2.5.5. Capacidade contributiva

O princípio de capacidade contributiva está intimamente relacionado com o princípio de isonomia. Encontra previsão no artigo 145, § 1º, da Constituição Federal, segundo o qual, sempre que possível, os impostos terão caráter pessoal e serão graduados segundo a capacidade econômica do contribuinte, facultado à administração tributária, especialmente para conferir efetividade a esses objetivos, identificar, respeitados os direitos individuais e nos termos da lei, o patrimônio, os rendimentos e as atividades econômicas do contribuinte.

Para Bernardo Ribeiro de Moraes[36], "cada pessoa deve contribuir para as despesas da coletividade de acordo com a sua aptidão econô-

[36] MORAES, Bernardo Ribeiro de. "Compêndio de direito tributário". 6ª Edição. Editora Forense. Rio de Janeiro, 1997. P. 118.

mica, ou capacidade contributiva, e disso, origina-se o ideal de justiça distributiva".

Nos parece claro que a aplicação das regras de preços de transferência não pode resultar em ajustes excessivamente onerosos aos contribuintes, em especial quando desconectados da realidade de mercado, em decorrência da simples aplicação de uma metodologia de margem fixa, sob pena de violação ao princípio de capacidade contributiva, conforme enunciado pela Constituição Federal.

Os ajustes de preços de transferência devem alinhar (ou ao menos aproximar) os preços entre partes vinculadas aos praticados a condições normais de mercado, neutralizando, assim, os potenciais efeitos danosos da vinculação entre as partes (que permite a manobra de preços para a transferência indevida de lucros do Brasil para o exterior).

Quando atendem a essa finalidade, as normas de preços de transferência alcançam o padrão *arm's length* e, consequentemente, encontram-se em conformidade com as balizas constitucionais, inclusive sob a perspectiva do princípio de capacidade contributiva.

Não obstante, a aplicação dos métodos de margens fixas pode resultar em ajustes abusivos, em clara violação ao texto constitucional. É o que se verifica, por exemplo, na aplicação do PRL para contribuintes que praticam margens brutas reduzidas em operações locais (por exemplo, sociedades comerciais atacadistas).

O exemplo é interessante, pois o legislador de preços de transferência, ao aplicar os métodos de importação (em especial os de margem fixa), sequer cuidou de segregar as margens fixas de atacadistas e varejistas, diferente do que se verifica nos métodos de exportação (PVA e PVV).

Dessa forma, considerando as diferentes capacidades contributivas de atacadistas e varejistas, se não admitida a possibilidade efetiva de uma margem alternativa, será claramente identificada a inconstitucionalidade da regra de preços de transferência.

De tudo o que foi exposto, em vista das potenciais distorções causadas pela aplicação da metodologia de margens fixas, resta claro que a sistemática de margens alternativas (para flexibilizar a aplicação dos métodos CPL, PRL, CAP, PVA e PVV) é o instrumento que permite ao intérprete afirmar que a regra de preços de transferência é constitucional sob a perspectiva estritamente jurídica. Entretanto, é necessário conferir aplicabilidade prática a essa norma, caso contrário a inconstitucionalidade será constatada sob a perspectiva prática (em casos concretos, comumente verificados).

Isto é, metodologia de margens fixas, apesar de suas potenciais distorções, resulta numa louvável praticabilidade, pelo que sua importância não pode ser descartada. Contudo, a sua utilização deve ser considerada como uma "opção", em paralelo à efetiva possibilidade de utilização da margem alternativa, sob pena de tornar a regra de preços de transferência inconstitucional.

Feitas essas considerações iniciais, passamos a abordar, em maior profundidade, as regras brasileiras de preços de transferência, abordando seus conceitos e metodologias (capítulo 3). Após, abordaremos os mecanismos para aplicação de margens alternativas em preços de transferência, que constituem o cerne do presente estudo (capítulo 4).

3.
As Regras Brasileiras de Preços de Transferência

As regras brasileiras de preços de transferência foram introduzidas no ordenamento legal pela Lei nº 9.430/1996, em seus artigos 18 a 24, que sofreram posteriores alterações pelas Leis nºs 9.959/2000 e 12.715/2012.

A matéria foi regulamentada pelas autoridades fiscais da Receita Federal do Brasil ("RFB"), principalmente através das INs nºs 38/1997, 32/2001, 243/2002, 1.312/2012, 1.322/2013, 1.395/2013, e 1.458/2014. Especificamente no que diz respeito à utilização de margens alternativas, foram editadas as Portarias nºs 95/1997 e 222/2008.

A IN nº 1.669/16, por seu turno, cuidou de dispor sobre o procedimento amigável (APA) no âmbito dos Tratados firmados pelo Brasil para evitar a dupla tributação, os quais podem ser utilizados para o pleito de margem alternativa nas hipóteses que especifica.

3.1. Aspectos objetivos e alcance do texto legal

3.1.1. Alcance das regras de preços de transferência

A Lei nº 9.430/1996, como visto, tem por objetivo coibir a manipulação de preços em operações de importação e exportação entre partes vinculadas, para que lucros tributáveis no Brasil não sejam indevidamente transferidos para o exterior.

Nas regras brasileiras de preços de transferência não há referência ao termo "evasão de divisas". O legislador optou pelo termo "transferência de resultados", evitando assim confusão da matéria tributária com a matéria criminal.

A Lei nº 9.430/1996 não cuida do crime de evasão de divisas, objeto do artigo 22 da Lei nº 7.492/1986. Trata-se de ilícito formal, que se caracteriza pela prática de remessas não autorizadas (sem observar as normas regulatórias do Banco Central do Brasil[37]) de divisas do Brasil para o exterior[38].

A jurisprudência distingue a evasão de divisas dos crimes contra a ordem tributária. Observa que os crimes de evasão de divisas (art. 22, parágrafo único, da Lei nº 7.492/86) e contra a ordem tributária (art. 1º, inciso I, da Lei nº 8.137/90) têm objetividades jurídicas distintas, pois enquanto o primeiro visa proteger e tutelar o Sistema Financeiro Nacional, o segundo objetiva tutelar a ordem tributária (quanto à regularidade e legitimidade no recolhimento dos tributos devidos ao Fisco que, em última análise, beneficiam a toda a sociedade)[39][40].

O controle dos preços de transferência praticados entre sociedades brasileiras e partes relacionadas no exterior, abordado pelos artigos 18 a 24 da Lei nº 9.430/1996, não se confunde com o crime de evasão de divisas, tampouco com os crimes contra a ordem tributária.

Da mesma forma, a regra de preços de transferência não se confunde e nem se restringe a condutas ilícitas que caracterizam a "evasão fiscal"[41][42]. Tais condutas, diferentemente da regra de preços de transferência,

[37] Até o ano de 2001, o crime de evasão de divisas era apurado com base nas informações constantes dos sistemas da Receita Federal do Brasil. A partir de 2002, contudo, o BACEN passou a editar sucessivas Cartas Circulares que o definiam como a repartição destinatária de tais informações.

[38] Nesse sentido: TRF- 2ª Região, ACR 2705, 5ª Turma, Relator Alberto Nogueira, em 5.4.2004.

[39] Nesse sentido: TRF – 2ª Região, ACR 200251015064240, Relator Guilherme Calmon, em 31.3.2008.

[40] No mesmo sentido: STF, HC 87208/MS, Ministro Relator Cezar Peluzo, em 23.9.2008.

[41] Conforme leciona Hugo de Brito Machado, o termo "elisão fiscal" está relacionado a uma conduta lícita do contribuinte, contrapondo-se, dessa forma, ao termo "evasão fiscal", que pressupõe o emprego de meios ilegítimos para se furtar ao pagamento de tributos (Machado, Hugo de Brito. "A norma antielisão e o princípio da legalidade – Análise crítica do Parágrafo único do Art. 116 do CTN". *In* "O planejamento tributário e a Lei Complementar 104". Editora Dialética. São Paulo, 2001. P. 115).

[42] Sob a perspectiva internacional, os conceitos de evasão (*tax evasion*) e elisão (*tax avoidance*) estão diretamente relacionados à legalidade dos meios utilizados para se evitar o pagamento de tributos (IBFD. International Tax Glosssary. IBFD. Amsterdam, 1988. Pp 22 e 101).

correspondem: (i) à sonegação (ocultação de rendimentos que resulta em tributação a menor); (ii) à fraude (adulterações ou falsificações em documentos, das quais resulta tributação a menor); (iii) à simulação (iii.1) absoluta (exprime-se como real um ato jurídico inexistente, para se reduzir a tributação) e (iii.2) relativa (exprime-se um determinado ato jurídico como sendo outro, resultando em menor tributação)[43].

Nas autuações fiscais federais que envolvem tais condutas ilícitas, a multa aplicada é comumente agravada, saltando do patamar de 75% (multa *ex officio*) para 150% sobre o valor de principal. Não são frequentes as autuações de preços de transferência que envolvam a figura da multa agravada, o que denota que a sua aplicação não depende da comprovação da ocorrência de evasão fiscal caracterizada por sonegação, fraude, ou simulação na conduta do contribuinte, mas principalmente da aplicação de ajustes com base na aplicação objetiva das metodologias previstas pelo texto legal[44].

Todavia, embora não seja o usual em se tratando das regras brasileiras de preços de transferência, se verificadas fraudes em documentos de importação e exportação referentes ao período fiscalizado (ou qualquer das figuras que caracterizam a evasão fiscal), as autoridades fiscais podem, além de determinar o arbitramento de ajustes de transferência com base em algum dos métodos previstos no texto legal (para o fim de determinar os montantes tributáveis em operações entre partes vinculadas), aplicar a multa majorada (em decorrência da fraude documental).

[43] Nas palavras de Misabel Derzi: "*A simulação absoluta exprime ato jurídico inexistente, ilusório, fictício ou que não corresponde à realidade, total ou parcialmente, mas a uma declaração de vontade falsa. É o caso de um contribuinte que abate despesas inexistentes, relativas a dívidas fictícias. Ela se diz relativa, se atrás do negócio simulado existe outro dissimulado*" (DERZI, Misabel. "A desconsideração dos atos e negócios jurídicos dissimulatórios segundo a Lei Complementar nº 104, de 10 de janeiro de 2001". *In* "O planejamento tributário e a Lei Complementar 104". Editora Dialética. São Paulo, 2001. P. 214).

[44] As principais autuações sobre preços de transferência estão relacionadas à aplicação prática dos métodos, aos critérios para sua escolha e à legalidade das instruções normativas que regulamentam a sua aplicação. Não obstante, há casos de planejamentos tributários em que os contribuintes podem interpor sociedades entre as partes vinculadas para dissimular as operações de importação e exportação entre sociedades vinculadas. Embora a legislação disponha de mecanismos para coibir planejamentos dessa natureza (como será abordado adiante neste estudo, em tópico específico sobre operações com "interposta pessoa"), estruturas desse tipo podem resultar em autuações para formalização, além da exigência de IRPJ/CSL, da multa majorada de 150% (sob alegação de simulação).

As regras de preços de transferência têm aplicabilidade ampla, alcançando não apenas operações ilícitas (verificadas com menor frequência), mas principalmente as lícitas. O objetivo não consiste em coibir condutas criminosas ou ilegais, mas sim regular os preços de toda e qualquer operação (de importação e exportação de bens, serviços, direitos e empréstimos) entre sociedade brasileira e partes vinculadas no exterior, para evitar a transferência de lucros tributáveis do Brasil para outras jurisdições.

Embora o modelo OCDE preconize a flexibilidade formal para os mecanismos de ajuste e equiparação das operações entre partes vinculadas às condições normais de mercado (condições neutras, em conformidade com o princípio *arm's length*, como visto nos capítulos precedentes deste estudo), o modelo brasileiro adotou um modelo mais rígido, que privilegia a utilização de métodos de margens fixas (também existentes no modelo OCDE).

No modelo brasileiro, não há a chamada "busca pelo melhor método" (*best method approach*) preconizada pelo modelo OCDE, prevalecendo, na prática, a aplicação objetiva dos métodos previstos pelo texto legal. É privilegiada a aplicação do método mais benéfico ao contribuinte, independentemente se compatível, ou não, com as condições reais de mercado.

A opção do legislador denota o objetivo dos artigos 18 a 24 da Lei nº 9.430/1996: "*coibir a prática, lesiva aos interesses nacionais de transferência de resultados para o exterior, mediante a manipulação dos preços pactuados nas importações ou exportações de bens, serviços ou direitos, em operações com pessoas vinculadas, residentes ou domiciliadas no exterior*" (redação do item 12 da Exposição de Motivos da Lei nº 9.430/1996).

Em síntese, o modelo brasileiro protege o fisco (e os interesses arrecadatórios da União Federal) e impõe ao contribuinte o ônus de comprovar que suas operações, com partes vinculadas, são praticadas conforme os métodos que especifica.

Os únicos métodos efetivamente aptos a equiparar as operações entre partes vinculadas a condições de mercado são o PIC e o PVEX (além do PCI e do PECEX, restritos a *commodities*). Na impossibilidade de aplicação desses métodos, a legislação determina aplicação dos métodos de margens fixas (CPL, PRL, CAP, PVV e PVA) para estabelecer um "preço parâmetro" fictício de mercado, para ajuste da base tributável de IRPJ e CSL.

Embora o texto legal faça referência, de forma genérica, à possibilidade de utilização de margens alternativas, não há casos em que tenham sido aplicadas na prática, sempre prevalecendo a aplicação das margens fixas nos casos concretos, quando não possível a aplicação dos métodos PIC e PVEx.

Portanto, o objetivo principal da legislação não é o de evitar práticas criminosas ou abusivas, tampouco o de alcançar parâmetros efetivos de mercado (como preconiza o modelo OCDE), mas preservar os interesses fiscais de arrecadação em operações entre partes brasileiras e partes vinculadas no exterior (sejam lícitas, ilícitas, criminosas ou não).

A comprovação do preço efetivo de mercado é um dos meios possíveis para esse fim (através dos métodos PIC e PVEx, além do PCI e PECEX, aplicáveis a operações com *commodities*), mas a identificação desse referencial não é o propósito declarado da legislação brasileira.

Caso não se identifique o preço de mercado, o legislador atinge seu objetivo pela aplicação dos métodos de margens fixas. A utilização das margens alternativas, embora tenha previsão legal, jamais foi verificada em casos práticos. Não temos conhecimento de qualquer pleito em APA, baseado na Portaria nº 222/2008 ou na IN nº 1.669/2016, que tenha resultado no deferimento de margem alternativa para contribuintes brasileiros.

Resultado disso é a possibilidade apenas teórica de ajustes com base em referenciais de mercado (margens alternativas), com a verificação, na prática, de um grande número de situações em que os ajustes são baseados em margens fixas, causando distanciamento do padrão *arm's length*. Isto não apenas indica potenciais inconstitucionalidades (como visto nos capítulos precedentes deste estudo), mas também aponta para a necessidade de aprofundamento dos debates e discussões sobre o modelo brasileiro, inclusive abordando possíveis aprimoramentos e reformas.

3.1.2. As operações objeto das regras de preços de transferência

Ao abordar os aspectos objetivos da regra brasileira de preços de transferência, Alberto Xavier[45] considera que o principal elemento a ser

[45] XAVIER, Alberto. "Direito Tributário Internacional do Brasil". 8ª Edição. Editora Forense. Rio de Janeiro, 2015. P. 358 e ss.

observado é a natureza das operações a que se aplicam. O regime de preços de transferência é aplicável a dois tipos de operações: comerciais e financeiras.

Tais operações são consideradas sob a perspectiva da pessoa jurídica brasileira e podem ser consideradas como: (i) *operações comerciais ativas*, que envolvem operações de exportações de bens, serviços e direitos do Brasil para o exterior; (ii) *operações comerciais passivas*, que envolvem importações de bens, serviços e direitos; (iii) *operações financeiras ativas*, nas quais a empresa brasileira concede mútuos (empréstimos) a parte estrangeira; e (iv) *operações financeiras passivas*, em que a empresa brasileira toma empréstimos do exterior.

Não se sujeitam às regras brasileiras de preços de transferência as operações relacionadas à transferência de tecnologia (que envolvam o recebimento ou o pagamento de *royalties*, bem como assistência técnica relacionada), as quais, nos termos do artigo 18, § 9º, da Lei nº 9.430/1996, permanecem sujeitas a regras específicas contidas no ordenamento legal[46][47].

Portanto, exceto em relação a operações internacionais que envolvam a transferência de tecnologia e o pagamento de *royalties*/assistência técnica relacionada, as regras brasileiras de preços de transferência alcançam e regulam os preços praticados em toda e qualquer operação comercial ou financeira, ativa e passiva.

Sempre que tais operações forem praticadas com os sujeitos determinados pela lei (pessoas vinculadas e equiparadas), a pessoa jurídica brasileira deve ajustar os preços praticados para determinação da base tributável de IRPJ e CSL.

3.1.3. Preços de transferência e DDL

Antes de examinar os aspectos subjetivos das regras brasileiras de preços de transferência, cabe tecer alguns breves comentários sobre a distinção

[46] Estabelecem os artigos 352 a 355 do RIR/99, assim como os artigos 52 a 71 da Lei nº 4.506/1974, e artigo 74 da Lei nº 3.470/1958, limites específicos e rígidos para a dedutibilidade das despesas com royalties em contratos que envolvem a transferência de tecnologia. Na mesma linha, dispõe o próprio artigo 18, § 9º, da Lei nº 9.430/1996.

[47] Nesse ponto, Alberto Xavier pondera que a legislação brasileira é alvo de severas críticas, por restringir a dedutibilidade de despesas com royalties mesmo nos casos em que as empresas observam condições de mercado e o padrão *arm's length*. (Op. Cit. 45. P. 359)

das aludidas regras em comparação às chamadas regras de distribuição disfarçada de lucros ("DDL").

As regras de DDL encontram disciplina nos artigos 464 a 466 do RIR/99 (que remetem ao Decreto-Lei nº 1.598/1977 e suas alterações posteriores). São de aplicação mais restrita do que as regras de preços de transferência, pois alcançam exclusivamente os negócios jurídicos praticados por pessoa jurídica brasileira com pessoa ligada; sendo o alcance do termo "pessoa ligada" mais restrito do que o termo "pessoa vinculada".

A finalidade das regras de DDL é evitar a transferência de lucros da pessoa jurídica para pessoas a ela ligadas, por meio da prática de preços e/ou condições que não seriam praticadas entre pessoas independentes, de forma a coibir a obtenção das vantagens fiscais que essas práticas provocariam.

As principais características das regras de DDL são a sua objetividade e taxatividade. A sua aplicação pressupõe a efetiva ocorrência de uma das hipóteses do artigo 464 do RIR/99[48]. Isso significa que as hipóteses legais de DDL são *"numerus clausus"* (restritas às hipóteses expressamente previstas) e não meramente exemplificativas, como reconhecem a doutrina[49] e a jurisprudência[50].

A legislação tributária prevê um conceito próprio de pessoa ligada, diverso do conceito trazido pela legislação societária. Conforme as regras de DDL, considera-se pessoa ligada: (i) o sócio da pessoa jurídica, ainda que seja outra pessoa jurídica; (ii) o administrador ou o titular da pessoa jurídica; e (iii) o cônjuge e os parentes até terceiro grau, inclusive os afins,

[48] Presume-se distribuição disfarçada de lucros no negócio pelo qual a pessoa jurídica: (i) aliena, por valor notoriamente inferior ao de mercado, bem do seu ativo a pessoa ligada; (ii) adquire, por valor notoriamente superior ao de mercado, bem de pessoa ligada; (iii) perde, em decorrência do não exercício de direito à aquisição de bem e em benefício de pessoa ligada, sinal, depósito em garantia ou importância paga para obter opção de aquisição; (iv) transfere a pessoa ligada, sem pagamento ou por valor inferior ao de mercado, direito de preferência à subscrição de valores mobiliários de emissão de companhia; (v) paga a pessoa ligada aluguéis, royalties ou assistência técnica em montante que excede notoriamente ao valor de mercado; e (vi) realiza com pessoa ligada qualquer outro negócio em condições de favorecimento, assim entendidas condições mais vantajosas para a pessoa ligada do que as que prevaleçam no mercado ou em que a pessoa jurídica contrataria com terceiros.

[49] Nesse sentido: OLIVEIRA, Ricardo Mariz de. "Fundamentos do imposto de renda". Editora Quartier Latin. São Paulo, 2008. P. 778.

[50] Nesse sentido: CARF. Acórdão 108-09.696. Relator Conselheiro Orlando José Gonçalves Bueno.

do sócio pessoa física, do administrador e do titular da pessoa jurídica (artigo 465 do RIR/99).

O artigo 466 do RIR/99 determina ainda que ocorrerá a presunção de DDL se os negócios forem realizados por intermédio de outrem, ou com sociedade na qual a pessoa jurídica tenha interesse de forma direta ou indireta. Portanto, as regras de DDL operam tanto nas transações realizadas diretamente entre a pessoa jurídica e sua pessoa ligada, quanto nas transações triangulares que são efetuadas por pessoas ligadas por intermédio de outrem.

Outro conceito fundamental para aplicação das regras de DDL é o de valor de mercado, contido nos parágrafos 1º a 4º do artigo 465 do RIR/99[51]. Segundo os aludidos dispositivos, valor de mercado é a importância em dinheiro que o vendedor pode obter mediante negociação do bem no mercado. Ainda, no caso dos bens em que não há um mercado ativo, o valor de mercado poderá ser determinado com base em negociações anteriores e recentes do mesmo bem, ou em negociações contemporâneas dos mesmos bens ou bens semelhantes.

Verifica-se que as regras de DDL adotam um conceito subjetivo de valor de mercado, sem que haja a imposição das margens de lucro ou limites rígidos previstos nas regras de preços de transferência. Inexiste um conceito objetivo de "valores notoriamente superiores ou inferiores ao valor de mercado"[52].

[51] Art. 464. (...)
§ 1º Valor de mercado é a importância em dinheiro que o vendedor pode obter mediante negociação do bem no mercado (Decreto-Lei nº 1.598, de 1977, art. 60, § 4º).
§ 2º O valor do bem negociado freqüentemente no mercado, ou em bolsa, é o preço das vendas efetuadas em condições normais de mercado, que tenham por objeto bens em quantidade e em qualidade semelhantes (Decreto-Lei nº 1.598, de 1977, art. 60, § 5º).
§ 3º O valor dos bens para os quais não haja mercado ativo poderá ser determinado com base em negociações anteriores e recentes do mesmo bem, ou em negociações contemporâneas de bens semelhantes, entre pessoas não compelidas a comprar ou vender e que tenham conhecimento das circunstâncias que influam de modo relevante na determinação do preço (Decreto-Lei nº 1.598, de 1977, art. 60, § 6º).
§ 4º Se o valor do bem não puder ser determinado nos termos dos §§ 2º e 3º e o valor negociado pela pessoa jurídica basear-se em laudo de avaliação de perito ou empresa especializada, caberá à autoridade tributária a prova de que o negócio serviu de instrumento à distribuição disfarçada de lucros (Decreto-Lei nº 1.598, de 1977, art. 60, § 7º).

[52] Nesse sentido: Luciana Rosanova Galhardo, ob. cit. 12. P. 84.

Por último, os artigos 467 e 468 do RIR/99[53] determinam quais as consequências fiscais decorrentes da configuração das hipóteses de DDL trazidas pelos incisos I a VI do artigo 464 do RIR/99. Em linhas gerais, a configuração de qualquer hipótese de DDL pode gerar ajuste no lucro líquido da pessoa jurídica (adição ou restrição da dedutibilidade), para fins de apuração do lucro real, de forma a descartar os efeitos que a operação tipificada como DDL gerou na apuração do lucro real da sociedade.

Do exposto, verifica-se que há similaridade de objetivo nas regras de DDL e de preços de transferência, já que ambas têm por finalidade ajustar a base tributável do IRPJ (e da CSL), criando mecanismos para equiparação das operações entre partes ligadas (no caso de DDL) e partes vinculadas (no caso de preços de transferência) a condições normais de mercado. Assim, pode-se dizer que as regras de DDL, como as regras de preços de transferência, seriam formas de positivação do princípio *arm's length*.

As principais diferenças, no entanto, decorrem da aplicação restrita das regras de DDL às hipóteses previstas no texto legal, em regra verificadas em operações ligadas em território nacional. Isso não se verifica no caso das regras de preços de transferência, que são passíveis de aplicação a toda e qualquer operação de importação e exportação de bens, serviços e direitos, além de empréstimos contratados entre partes vinculadas e demais sujeitos das regras de preços de transferência.

Dada a taxatividade das regras de DDL, é rara sua aplicação a operações internacionais (o que não significa que não possam ser aplicadas em caráter subsidiário às regras de preços de transferência, quando inaplicáveis nos

[53] Art. 467. Para efeito de determinar o lucro real da pessoa jurídica (Decreto-Lei nº 1.598, de 1977, art. 62, e Decreto-Lei nº 2.065, de 1983, art. 20, incisos VII e VIII):
I – nos casos dos incisos I e IV do art. 464, a diferença entre o valor de mercado e o de alienação será adicionada ao lucro líquido do período de apuração;
II – no caso do inciso II do art. 464, a diferença entre o custo de aquisição do bem pela pessoa jurídica e o valor de mercado não constituirá custo ou prejuízo dedutível na posterior alienação ou baixa, inclusive por depreciação, amortização ou exaustão;
III – no caso do inciso III do art. 464, a importância perdida não será dedutível;
IV – no caso do inciso V do art. 464, o montante dos rendimentos que exceder ao valor de mercado não será dedutível;
V – no caso do inciso VI do art. 464, as importâncias pagas ou creditadas à pessoa ligada, que caracterizarem as condições de favorecimento, não serão dedutíveis.
Art. 468. O disposto no artigo anterior aplica-se aos lucros disfarçadamente distribuídos e não prejudica as normas de indedutibilidade estabelecidas neste Decreto.

termos da lei). Como consequência prática, as regras de DDL são mais comumente aplicadas nas operações locais e as regras de preços de transferência no âmbito internacional.

Assim, embora exista similaridade no que diz respeito à finalidade das normas, as regras de DDL não devem impactar na temática da aplicação de margens alternativas para ajustes de preços de transferência, que constitui o cerne do presente estudo.

3.2. Aspectos subjetivos das regras de preços de transferência

Estão sujeitos à observância das regras brasileiras de preços de transferência:

(i) pessoas físicas ou jurídicas residentes ou domiciliadas no Brasil que praticarem operações com pessoas físicas ou jurídicas, residentes ou domiciliadas no exterior, consideradas vinculadas, mesmo que por intermédio de interposta pessoa;

(ii) pessoas físicas ou jurídicas residentes ou domiciliadas no Brasil que realizem operações com qualquer pessoa física ou jurídica, ainda que não vinculada, residente ou domiciliada em país ou dependência de tributação favorecida; e

(iii) pessoas físicas ou jurídicas residentes ou domiciliadas no Brasil que realizem operações com qualquer pessoa física ou jurídica, ainda que não vinculada, residente ou domiciliada no exterior, e que goze, nos termos da legislação em vigor, de regime fiscal privilegiado[54].

Como se verifica, a aplicação das regras de preços de transferência é bastante ampla sob o aspecto subjetivo, alcançando não apenas pessoas vinculadas, mas operações com pessoas a estas equiparáveis (caso das "interpostas pessoas" e das pessoas físicas e jurídicas localizadas em "paraísos fiscais"). Merece abordagem mais aprofundada o conceito de pessoa vinculada, para fins de melhor compreensão dos sujeitos das regras brasileiras de preços de transferência.

[54] Fonte: Perguntas e Respostas da Receita Federal (www.receita.fazenda.gov.br). Acesso em 4.10.2018.

3.2.1. Pessoas vinculadas

Consideram-se pessoas vinculadas à sociedade brasileira, para fins de aplicação das regras de preços de transferência (artigo 23 da Lei nº 9.430/1996)[55]:

> I – a matriz desta, quando domiciliada no exterior;
>
> II – a sua filial ou sucursal, domiciliada no exterior;
>
> III – a pessoa física ou jurídica, residente ou domiciliada no exterior, cuja participação societária no seu capital social a caracterize como sua controladora ou coligada;
>
> IV – a pessoa jurídica domiciliada no exterior que seja caracterizada como sua controlada ou coligada;
>
> V – a pessoa jurídica domiciliada no exterior, quando esta e a empresa domiciliada no Brasil estiverem sob controle societário ou administrativo comum ou quando pelo menos dez por cento do capital social de cada uma pertencer a uma mesma pessoa física ou jurídica;
>
> VI – a pessoa física ou jurídica, residente ou domiciliada no exterior, que, em conjunto com a pessoa jurídica domiciliada no Brasil, tiver participação societária no capital social de uma terceira pessoa jurídica, cuja soma as caracterizem como controladoras ou coligadas desta;
>
> VII – a pessoa física ou jurídica, residente ou domiciliada no exterior, que seja sua associada, na forma de consórcio ou condomínio, conforme definido na legislação brasileira, em qualquer empreendimento;
>
> VIII – a pessoa física residente no exterior que for parente ou afim até o terceiro grau, cônjuge ou companheiro de qualquer de seus diretores ou de seu sócio ou acionista controlador em participação direta ou indireta;
>
> IX – a pessoa física ou jurídica, residente ou domiciliada no exterior, que goze de exclusividade, como seu agente, distribuidor ou concessionário, para a compra e venda de bens, serviços ou direitos;
>
> X – a pessoa física ou jurídica, residente ou domiciliada no exterior, em relação à qual a pessoa jurídica domiciliada no Brasil goze de exclusividade, como agente, distribuidora ou concessionária, para a compra e venda de bens, serviços ou direitos.

[55] O dispositivo é reproduzido com algumas especificidades pela IN nº 1.312/2012, apenas em caráter regulamentar.

Observa-se a existência de dois grupos para fins de vinculação, para fins de determinação dos sujeitos das regras brasileiras de preços de transferência: (i) o primeiro compreende pessoas jurídicas residentes e não residentes no Brasil (incisos I, II, III, IV, V, VI, VII, IX e X); e (ii) o segundo considera as relações entre pessoa jurídica residente e pessoa física não residente (incisos X, VI, VII, VIII, IX e X).

Luis Eduardo Schoueri[56] constata divergência entre o direito brasileiro e os acordos de bitributação, já que o primeiro adota o conceito de "pessoa vinculada", muito mais amplo que o de "empresas associadas" (verificado nos Tratados).

Nos termos do artigo 9º da Convenção Modelo da OCDE, há operações entre "empresas associadas" quando: "*(a) uma empresa de um Estado Contratante participar direta ou indiretamente da direção, controle ou capital de uma empresa do outro Estado Contratante; ou (b) as mesmas pessoas participarem direta ou indiretamente da direção, controle ou capital de uma empresa de um Estado Contratante e de uma empresa do outro Estado Contratante*".

O modelo OCDE considera como "associadas" as empresas que participem, de forma direta ou indireta, na direção, controle ou capital de outra, ou se estiverem sob o controle comum. Já o modelo brasileiro apresenta hipóteses mais amplas de vinculação.

A legislação brasileira alcança as mesmas hipóteses dos Tratados e outras: operações com pessoas físicas, associações na forma de consórcio ou condomínio, além de relações comerciais de exclusividade com agentes, concessionários e distribuidores.

Embora a redação do Modelo OCDE seja imprecisa e genérica, a sua interpretação deve ser feita conforme o princípio *arm's length*, para que sua aplicação se dê em conformidade com o contexto da operação.

Para países com os quais o Brasil é signatário de Tratados (cujas redações seguem o modelo OCDE), a legislação brasileira deve ter seu alcance limitado. Nesse particular, o texto legal brasileiro (por incompatibilidade e inferioridade hierárquica ao Tratado[57]) ficaria restrito a operações praticadas com "empresas associadas".

[56] Op. Cit. 5. P. 454.

[57] Artigo 98 do Código Tributário Nacional: Os tratados e as convenções internacionais revogam ou modificam a legislação tributária interna, e serão observados pela que lhes sobrevenha.

No que incompatível com o modelo OCDE (e ao conceito de "empresas associadas" previsto em seu artigo 9º), a Lei nº 9.430/1996 somente seria aplicável a países com os quais o Brasil não tenha firmado Tratado.

3.2.1.1. Vinculação de matriz, filial e sucursal (artigo 23, incisos I e II)

Os incisos I e II consideram vinculadas à empresa brasileira a sua matriz, filial ou sucursal estrangeira. Rubens Requião[58] define a matriz, ou estabelecimento principal, como: aquele em que se situa a chefia, de onde emanam as ordens e instruções, em que se procede às operações comerciais e financeiras de maior vulto e em massa. É o estabelecimento que dirige os demais estabelecimentos (filiais ou sucursais).

A filial, por dispor de personalidade jurídica derivada e dependente da matriz, atua em nome desta em todas as suas relações comerciais. A legislação brasileira a considera como um estabelecimento jurídico permanente, recebendo tratamento de pessoa jurídica nacional (com capacidade tributária própria), para fins de aplicação da legislação tributária (artigo 126, III, do CTN[59]).

Nos termos do artigo 147, II, do Regulamento do Imposto de Renda de 1999 ("RIR/99"), consideram-se contribuintes do IRPJ (o mesmo valendo para a CSL) as filiais e sucursais (assim como agências ou representações no País[60]) das pessoas jurídicas com sede no exterior.

As regras pertinentes à tributação dos lucros dessas sociedades no Brasil (como se pessoas jurídicas brasileiras fossem) não interfere na aplicação das regras de preços de transferência. Aplicam-se normalmente as regras da Lei nº 9.430/1996 às operações de importação e exportação de bens, direitos e serviços, além de empréstimos, entre sociedades brasileiras e suas matrizes, filiais e sucursais no exterior.

Em vista da concorrência das normas em questão (preços de transferência e lucros no exterior), e observando que a legislação tributária deve

[58] REQUIÃO, Rubens. "Curso de Direito Comercial". Editora Saraiva. São Paulo, 2003. P. 277.

[59] Art. 126. A capacidade tributária passiva independe: (...)
III – de estar a pessoa jurídica regularmente constituída, bastando que configure uma unidade econômica ou profissional.

[60] A legislação faz referência apenas a filiais e sucursais, não exigindo ajustes de preços de transferência em operações com agências e representações.

observar os princípios constitucionais (garantias fundamentais dos contribuintes), em especial o princípio da igualdade (isonomia), as novas regras de lucros no exterior dispõem expressamente que os ajustes de preços de transferência (e também os decorrentes da aplicação das regras de subcapitalização[61]) poderão ser deduzidos na apuração dos lucros de sociedade estrangeira[62].

Até a edição da Lei nº 12.973/2014, uma sociedade brasileira que tributava no Brasil os lucros auferidos por filial estrangeira e, simultaneamente, importava bens dessa sociedade com ajustes de preços de transferência, recebia tratamento tributário desigual (não isonômico e possivelmente mais gravoso) ao conferido a uma sociedade brasileira que apenas detinha uma filial no exterior (e importava produtos de terceiros não vinculados).

Se por um lado a regra nova estancou a problemática da concorrência de normas, por outro abriu a possibilidade de contribuintes questionarem essa concorrência para períodos anteriores, restituindo recolhimentos indevidos, observado o prazo prescricional de 5 anos.

3.2.1.2. Vinculação de controladora, controlada ou coligada (artigo 23, incisos III a V)

Os incisos III e V fazem referência à vinculação por controle ou coligação de forma ampla: pessoa física ou jurídica estrangeira em relação à qual exerça controle, seja controlada, ou coligada; ou pessoa física ou jurídica estrangeira com a tenha controladoras, controladas ou coligadas em comum.

Novamente, há um paralelo entre a legislação aplicável a preços de transferência e a aplicável aos lucros no exterior (aplicando-se os mesmos

[61] Artigos 24 a 26 da Lei nº 12.249/2010.

[62] Nesse particular, destacamos o artigo 86 da Lei nº 12.973/2014: Art. 86. Poderão ser deduzidos do lucro real e da base de cálculo da CSLL os valores referentes às adições, espontaneamente efetuadas, decorrentes da aplicação das regras de preços de transferência, previstas nos arts. 18 a 22 da Lei nº 9.430, de 27 de dezembro de 1996, e das regras previstas nos arts. 24 a 26 da Lei nº 12.249, de 11 de junho de 2010, desde que os lucros auferidos no exterior tenham sido considerados na respectiva base de cálculo do Imposto sobre a Renda da Pessoa Jurídica – IRPJ e da CSLL da pessoa jurídica controladora domiciliada no Brasil ou a ela equiparada, nos termos do art. 83 e cujo imposto sobre a renda e contribuição social correspondentes, em qualquer das hipóteses, tenham sido recolhidos.

comentários do item 3.2.1.1 acima). Os mesmos conceitos de sociedade controladora, controlada e vinculada, delineados pelo artigo 243 da Lei nº 6.404/1976 ("Leis das S.A."), são verificados tanto da Lei nº 9.430/1996 (regras de preços de transferência), como na Lei nº 12.973/2014 (regras de lucros no exterior)[63-64].

Considerando que a Lei nº 9.430/1996 não dispõe especificamente sobre os conceitos de sociedades controladas e coligadas, devem ser observadas as definições da Lei das S.A. para fins de aplicação das regras de preços de transferência (conforme artigo 110 do CTN[65]).

A Lei das S.A. considera coligadas as sociedades nas quais a investidora tenha influência significativa (artigo 243, § 1º). Por seu turno, considera como controlada a sociedade na qual a controladora (diretamente ou através de outras controladas) é titular de direitos de sócio que lhe assegurem, de modo permanente, preponderância nas deliberações sociais e o poder de eleger a maioria dos administradores (artigo 243, § 2º).

A influência significativa, apta a caracterizar a coligação entre sociedades, é identificada pela Lei das S.A. quando a investidora detém ou exerce o poder de participar nas decisões das políticas financeira ou operacional da investida, sem controlá-la (artigo 243, § 4º). A influência significativa é presumida quando a investidora for titular de 20% ou mais do capital votante da investida, também sem controlá-la (artigo 243, § 5º).

Portanto, sempre que uma sociedade brasileira contratar importações, exportações ou empréstimos, com controladoras, controladas ou coligadas (conforme definição da Lei das S.A.), tais operações estarão sujeitas ao

[63] Novamente, fazemos a ressalva sobre a concorrência na aplicação das regras de preços de transferência e lucros no exterior, que podem resultar na caracterização de inconstitucionalidade, por violação aos princípios de igualdade (isonomia) e capacidade contributiva, conforme abordado no item 3.3.1.1 acima.

[64] O artigo 76 da Lei nº 12.973/2014 dispõe sobre a regra geral aplicável às sociedades brasileiras, para fins de apurar o imposto sobre a renda devido em relação aos lucros de sociedades controladas (direta ou indiretamente no exterior).

[65] Art. 110. A lei tributária não pode alterar a definição, o conteúdo e o alcance de institutos, conceitos e formas de direito privado, utilizados, expressa ou implicitamente, pela Constituição Federal, pelas Constituições dos Estados, ou pelas Leis Orgânicas do Distrito Federal ou dos Municípios, para definir ou limitar competências tributárias.

controle das regras brasileiras de preços de transferência. Tais ajustes, como visto, poderão ser deduzidos na apuração de lucros no exterior (artigo 86 da Lei nº 12.973/2014).

3.2.1.3. Vinculação por controle comum (artigo 23, inciso V)

A regra de vinculação por controle comum, prevista pelo artigo 23, inciso V, não decorre da Lei das S.A. Esse dispositivo considera como parte vinculada a sociedade estrangeira cuja controladora seja a mesma da sociedade brasileira (caso típico das *holdings*).

O legislador estabelece um percentual mínimo de 10% da participação da controladora em relação à controlada estrangeira, para que seja considerada como vinculada à sociedade brasileira.

Aparentemente, esse percentual foi importado da redação antiga do artigo 243 da Lei das S.A., que considerava como coligadas as sociedades que detivessem 10% ou mais do capital de outra, sem controlá-la (a nova redação da Lei das S.A. aumentou esse percentual para 20%).

Em que pese a alteração da Lei das S.A., a Lei nº 9.430/1996 não foi alterada nesse ponto, prevalecendo o percentual de 10% para fins de aplicação das regras de preços de transferência.

Examinando o artigo 23, inciso V, da Lei 9.430/96, o vínculo para fins de aplicação das regras de preços de transferência não decorre apenas da existência de "vinculação societária" (i.e., relação de controle, coligação, etc.), alcançado também as relações de "controle administrativo comum"(artigo 2º, § 1º, da IN nº 1.312/2012).

Portanto, a intenção do legislador não foi a de restringir, mas de ampliar as hipóteses de vinculação para além das hipóteses de vinculação societária (pela relação de controle, coligação, etc.), alcançando também as empresas que, ainda que não possuam vinculação societária, sejam administradas conjuntamente, já que, nessas hipóteses, o controle administrativo comum poderia favorecer a manipulação de preços nas operações internacionais praticadas entre tais sociedades.

3.2.1.4. Vinculação por controle cruzado (artigo 23, incisos VI e VII)

Conforme o inciso VI, do artigo 23, da Lei nº 9.430/1996, são consideradas vinculadas à sociedade brasileira as pessoas físicas ou jurídicas estrangeiras que, em conjunto com a sociedade brasileira, detiverem o controle de uma terceira pessoa jurídica.

É a hipótese de controle cruzado nas chamadas *joint ventures*, que constituem parcerias entre sociedades independentes para exploração de um negócio comum, através de uma sociedade sobre a qual exercem controle mútuo.

O inciso VII (do mesmo artigo 23) expande a vinculação dos casos de *joint ventures* às associações entre sociedade independentes, na forma de consórcio ou condomínio, localizado no Brasil ou no exterior.

O consórcio é uma forma de reunião, de caráter temporário, de pessoas para produção de um autofinanciamento e auto-gestão de projetos para aquisição de bens ou serviços, próprios ou de terceiros, analogamente a uma cooperativa com fim determinado. Embora não tenham personalidade jurídica própria (distinguindo-se assim da figura da *joint venture*), constituem uma unidade autônoma de negócios[66].

Já o condomínio é uma forma de propriedade conjunta exercida por várias pessoas (físicas ou jurídicas), cuja unidade não pode ser desmembrada sem a perda das suas características principais[67].

Observa Jonathan Vita[68] que somente deve haver vinculação se o condomínio for relevante nas atividades das empresas. Isso porque, se tomado de maneira ampla, todas as empresas que possuem imóveis no mesmo edifício seriam consideradas como vinculadas.

Para Marcelo Alvares Vicente[69]: esse mesmo racional deve ser estendido às hipóteses de vinculação por *joint ventures* e consórcios (inciso VI e VII do artigo 23). Nesse sentido, a regra de vinculação somente seria aplicável se as associações tivessem o propósito de distorcer a concorrência, criando condições artificiais de negociação.

O entendimento dos autores é coerente, pois uma interpretação restritiva e literal do texto legal resultaria em ajustes em operações cujos preços naturalmente observariam as condições normais de mercado.

[66] Conforme a Lei nº 11.795/2008 (que deve ser examinada conjuntamente com os artigos 278 e 279 da Lei das S.A.

[67] Conforme se depreende dos artigos 1.314 a 1.358 do Código Civil.

[68] Op. Cit. 15. P. 130.

[69] Vicente. Marcelo Alvares. "Controle fiscal dos preços de transferência na importação e exportação veiculados pela legislação brasileira". Dissertação de Mestrado em Direito. PUC/SP, 2007.

3.2.1.5. Vinculação por parentesco (artigo 23, inciso VIII)

O inciso VIII considera como vinculada a pessoa física que reside no exterior, que seja parente (em até 3º grau), cônjuge ou companheiro de diretor, sócio ou acionista controlador, da pessoa jurídica brasileira.

A relação de parentesco, no caso, é a regulada pelo Código Civil (artigos 1591 e seguintes) e vincula, para fins de aplicação das regras brasileiras de preços de transferência, uma sociedade brasileira e uma sociedade estrangeria cujos sócios ou dirigentes sejam parentes.

Naturalmente, a legislação de preços de transferência busca evitar condições comerciais indevidamente favorecidas por relações familiares.

3.2.1.6. Vinculação por exclusividade (artigo 23, incisos IX e X)

Por fim, os incisos IX e X, do artigo 23 da Lei nº 9.430/1996, abordam a vinculação de pessoa física ou jurídica estrangeira com sociedade brasileira, em que exista relação de exclusividade. É o caso dos agentes, distribuidores ou concessionários, para compra e venda de bens, serviços ou direitos.

A regra visa ao controle de preços de transferência em operações em que há "contratos de intermediação" entre sociedade brasileira e sociedade/pessoa física estrangeira. Não há relação societária, mas um controle efetivo decorrente da relação econômica entre as partes.

Um ponto de controvérsia deste inciso consiste em definir o que seria relação de exclusividade. Nos termos da IN nº 1.312/2012 (artigo 2º):

(i) a vinculação aplica-se somente em relação às operações com os bens, serviços ou direitos para os quais se constatar a exclusividade;
(ii) será considerado distribuidor ou concessionário exclusivo, a pessoa física ou jurídica titular desse direito relativamente a uma parte ou a todo o território do país, inclusive do Brasil; e
(iii) a exclusividade será constatada por meio de contrato escrito ou, na inexistência deste, pela prática de operações comerciais, relacionadas a um tipo de bem, serviço ou direito, efetuadas exclusivamente entre as duas pessoas jurídicas ou exclusivamente por intermédio de uma delas.

Nestes termos, a acepção do termo exclusividade seria ampla, de modo a contemplar o direito de intermediar, em caráter exclusivo (sem concorrência), as operações de terceiro (vinculado ou não), independentemente da existência de um contrato específico para esse fim[70].

3.2.2. Importações por interposta pessoa, por conta e ordem e por encomenda

O conceito de interposta pessoa não é identificado no texto da Lei nº 9.430/1996. Foi originalmente disciplinado pelo artigo 2º, § 5º, da IN nº 243/2002 (reproduzido de forma idêntica pela IN nº 1.312/2012).

Em seus termos, aplicam-se as normas sobre preço de transferência às operações efetuadas pela pessoa jurídica domiciliada no Brasil, por meio de interposta pessoa não caracterizada como vinculada, que opere com outra, no exterior, caracterizada como vinculada à pessoa jurídica brasileira.

Em se tratando de norma secundária, a instrução normativa deve ser examinada de forma restritiva, limitando-se a esclarecer o propósito da legislação[71]. Parece-nos que o objetivo da regra foi o de coibir que importações ou exportações via *tradings* fossem realizadas sem o controle das regras de preços de transferência[72].

A regra evita o planejamento tributário mediante negociação triangular. Em termos práticos, desconsidera-se a existência da interposta pessoa (independente, interposta com o intuito exclusivo de afastar o controle de preços de transferência) e os eventuais ajustes são aplicados sobre as importações e exportações diretamente entre as partes vinculadas[73].

As operações com interposta pessoa não se confundem com as realizadas por conta e ordem[74]. Nestas existe mera contratação, pelo adquirente, de um facilitador para a importação (que somente age em nome do adquirente).

[70] Sobre o tema, fazemos referência à obra de Thaís Folgosi Françoso: "Operações controladas segundo a legislação brasileira de preços de transferência". In "Manual dos preços de transferência no Brasil". Editora MP. São Paulo, 2007. P. 45.

[71] Nesse sentido: Luis Eduardo Schoueri. Op. Cit. 5. P. 91.

[72] A esse respeito, destaca-se a Solução de Consulta COSIT nº 02/2003: "Caso fique demonstrado que a *trading* atue de forma autônoma e seja a beneficiária final das operações de importações, exportações e de pagamento ou crédito de juros realizados com pessoas físicas ou jurídicas domiciliadas no exterior, esta deve apurar os preços de transferência como qualquer contribuinte do imposto de renda que esteja relacionado diretamente com o fato gerador".

[73] É o que se depreende do julgamento do CARF no Acórdão nº 101-95.499. Conselheira Relatora Sandra Maria Faroni. 27.4.2006.

[74] Artigos 77 a 81 da Medida Provisória nº 2.185-35/2001.

Todos os recursos e a responsabilidade pela importação permanecem com o adquirente, razão pela qual o controle de preços de transferência se dá entre este e o exportador estrangeiro (desde que sejam partes vinculadas).

No caso da importação por interposta pessoa é necessária a desconsideração pela presunção de um ato simulado, destinado a afastar a aplicação das regras brasileiras de preços de transferência (o que permitiria, em caso de eventual fiscalização e autuação, a imposição de multa majorada).

As regras de preços de transferência também se verificam nas operações de importação por encomenda (artigo 11 e seguintes da Lei nº 11.281/2006[75]). Para estas operações, o artigo 14 da Lei 11.2812006 dispõe que se aplicam ao importador e ao encomendante as regras de preços de transferência objeto da Lei nº 9.430/1996.

Diferente da importação por conta e ordem (ou da importação por interposta pessoa), a importação por encomenda prevê duas operações distintas: uma entre exportador estrangeiro e importador brasileiro; outra entre importador brasileiro e encomendante.

Caso o exportador estrangeiro e o importador brasileiro sejam partes vinculadas, o importador terá os custos de importação sujeitos ao controle de preços de transferência. Caso o exportador estrangeiro e o encomendante brasileiro sejam partes relacionadas, este último fará o controle de preços de transferência exclusivamente sobre os custos de importação (as regras de preços de transferência não alcançam operações locais).

[75] Art. 11. A importação promovida por pessoa jurídica importadora que adquire mercadorias no exterior para revenda a encomendante predeterminado não configura importação por conta e ordem de terceiros.

§ 1º A Secretaria da Receita Federal:

I – estabelecerá os requisitos e condições para a atuação de pessoa jurídica importadora na forma do caput deste artigo; e

II – poderá exigir prestação de garantia como condição para a entrega de mercadorias quando o valor das importações for incompatível com o capital social ou o patrimônio líquido do importador ou do encomendante.

§ 2º A operação de comércio exterior realizada em desacordo com os requisitos e condições estabelecidos na forma do § 1º deste artigo presume-se por conta e ordem de terceiros, para fins de aplicação do disposto nos arts. 77 a 81 da Medida Provisória nº 2.158-35, de 24 de agosto de 2001.

§ 3º Considera-se promovida na forma do caput deste artigo a importação realizada com recursos próprios da pessoa jurídica importadora, participando ou não o encomendante das operações comerciais relativas à aquisição dos produtos no exterior. (Incluído pela Lei nº 11.452, de 2007)

Caso todas as partes sejam vinculadas (exportador estrangeiro, importador e encomendantes brasileiros), em princípio a regra se aplica ao importador e ao encomendante, apenas para o controle da dedutibilidade do custo de importação. Se tais custos são assumidos pelo importador, este estará sujeito ao controle. Se forem assumidos pelo encomendante, este fará o controle. Em hipótese alguma a regra de preços de transferência pode permitir o ajuste de preços praticados em operações domésticas, ainda que entre partes ligadas (para este fim, aplicam-se as regras de DDL, abordadas no item 3.1.3 acima).

Portanto, nos termos dos dispositivos abordados, busca-se coibir estruturas destinadas a afastar os ajustes de preços de transferência, através da interposição de agentes (não vinculados) entre exportadores e importadores vinculados. Sempre que houver alguma estrutura triangular destinada a afastar o controle das regras de preços de transferência, esta deverá ser desconsiderada, para que os custos de importação sejam ajustados nos termos da lei.

3.2.3. Paraísos fiscais[76]

Conforme os artigos 24, 24-A e 24-B da Lei nº 9.430/1996, estão sujeitas às regras de preços de transferência: as pessoas físicas ou jurídicas residentes ou domiciliadas no Brasil que realizem operações com qualquer pessoa física ou jurídica, ainda que não vinculada, residente ou domiciliada em país ou dependência de tributação favorecida, bem como as que gozem de regime fiscal privilegiado.

A legislação considera "país com tributação favorecida" aquele "não tribute a renda ou que a tribute a alíquota máxima inferior a vinte por cento" (artigo 24, *caput*). Os países que gozam de regime fiscal privilegiado, por

[76] Termo aqui utilizado em acepção genérica, para contemplar amplamente os países com tributação favorecida e os que disponham de regime fiscal privilegiado, que conjuntamente compõem a *black list* brasileira. Diversos autores, dentre os quais Heleno Tôrres consideram inapropriada a utilização do termo "paraísos fiscais" (*tax heavens*) por ter significação na prática internacional distinta e mais do que aquela pretendida pela legislação brasileira, englobando paraísos societários, bancários, penais, tributários, etc. (Tôrres, Heleno Taveira. *'Direito tributário internacional: planejamento tributário e operações transnacionais. Editora Revista dos Tribunais. São Paulo, 2001*). Não discordamos dos autores, apenas adotamos o termo genérico para fins meramente didáticos, considerando o escopo do presente estudo.

seu turno, são aqueles que apresentem uma ou mais das seguintes características (artigo 24-A e incisos):

> I – não tribute a renda ou a tribute à alíquota máxima inferior a 20% (vinte por cento);
>
> II – conceda vantagem de natureza fiscal a pessoa física ou jurídica não residente: a) sem exigência de realização de atividade econômica substantiva no país ou dependência; b) condicionada ao não exercício de atividade econômica substantiva no país ou dependência;
>
> III – não tribute, ou o faça em alíquota máxima inferior a 20% (vinte por cento), os rendimentos auferidos fora de seu território;
>
> IV – não permita o acesso a informações relativas à composição societária, titularidade de bens ou direitos ou às operações econômicas realizadas.

A Lei nº 11.727/2008 fez a primeira referência na legislação brasileira ao "termo beneficiário efetivo" (ao introduzir o § 4º ao caput do artigo 24 Lei nº 9.430/1996). Em seus termos, considera-se também país ou dependência com tributação favorecida aquele cuja legislação não permita o acesso a informações relativas à composição societária de pessoas jurídicas, à sua titularidade ou à identificação do beneficiário efetivo de rendimentos atribuídos a não residentes.

Com a edição da Lei nº 12.249/2010, que introduziu à legislação interna as regras de subcapitalização (*thin capitalization rules*), o conceito de beneficiário efetivo foi apresentado de forma mais concreta, como sendo: a pessoa física ou jurídica não constituída com o único ou principal objetivo de economia tributária que auferir esses valores por sua própria conta e não como agente, administrador fiduciário ou mandatário por conta de terceiro (artigo 26, § 1º)[77-78].

Esse conceito permite identificá-lo simplesmente como a pessoa física ou jurídica que atue por conta própria. Isto é, que não atue na estrutura

[77] O conceito foi reproduzido pelo artigo 11, § 1º, da IN nº 1.154/2011.

[78] Esse conceito já existia nos Tratados firmados pelo Brasil, conforme o Modelo OCDE, como forma de esclarecer o significado da expressão "pagos a um residente" utilizada no parágrafo 2º dos artigos 10, 11 e 12, aplicáveis a dividendos, juros e royalties. Apesar de sua utilização, o modelo da OCDE também não apresentou uma definição técnica, restringindo-se a diferenciar a figura do beneficiário efetivo de agentes e mandatários que eventualmente fossem interposto na relação de pagamento/remuneração.

como mero agente ou intermediário. Caso esteja localizado em país de tributação favorecida ou que goze de regime fiscal privilegiado, suas operações com pessoas jurídicas brasileiras estarão sujeitas ao controle das regras de preços de transferência.

É curioso que a legislação brasileira tenha adotado um critério subjetivo, ao invés de simplesmente adotar uma "lista fechada" de países (como se verifica em muitos casos do direito comparado[79]).

Talvez pela dificuldade de aplicação desse critério subjetivo, a RFB tenha editado uma série de instruções normativas[80], das quais a mais recente é a IN nº 1.037/2010 (com alterações pelas INs nºs 1.045/2010, 1.474/2014, 1.658/16, 1.683/16 e 1.773/17), que traz a chamada *black list* brasileira (rol dos paraísos fiscais, assim considerados os países com regime de tributação favorecida, ou que goze de regime fiscal privilegiado).

Não há consenso na doutrina sobre a taxatividade da *black list* brasileira. Ana Cláudia Utumi[81] defende seu caráter meramente exemplificativo, pois não poderia uma instrução normativa restringir o alcance do texto legal, mas apenas nortear a sua interpretação. A maior parte dos doutrinadores (como Luis Eduardo Schoueri[82], Alberto Xavier[83], Marco Aurélio Greco e Sérgio André Rocha[84]), no entanto, defende que o rol seria taxativo.

Concordamos com a doutrina majoritária, pois desdobraria dos parâmetros da razoabilidade fazer com que os contribuintes brasileiros façam prova com base na legislação estrangeira. Um argumento adicional favorável a essa interpretação decorre, por exemplo, do extenso detalhamento com relação à legislação de determinados países como Singapura, para o qual a

[79] São exemplos de países que adotam o critério objetivo de lista fechada: Espanha (*cf. Real Decreto nº 1.081/1991*); Portugal (*cf. Código do Imposto sobre Rendimentos das Pessoas Colectivas, art. 58*), Itália (*Decreto Ministeriale del 21 novembre 2001*), etc.

[80] IN nº 164/1999, IN nº 68/2000, IN nº 33/2001, IN nº 188/2002 (primeira a considerar países que gozem de regime fiscal privilegiado) e IN nº 1.037/2010 (atualmente em vigor).

[81] UTUMI, Ana Cláudia Akie. "Países com tributação favorecida no direito brasileiro". TÔRRES, Heleno Taveira (Coord.). "Direito Tributário Internacional Aplicado". Editora Quartier Latin. São Paulo, 2003. P. 236.

[82] Op. Cit. 5. P. 88.

[83] Op. Cit. 11. P. 302.

[84] GRECO, Marco Aurélio; ROCHA, Sérgio André. "Manual de Direito Tributário Internacional". Editora Dialética. São Paulo, 2012. P. 373.

IN nº 1.773/17 fez um extenso arrazoado dos regimes que estariam enquadrados na definição de regime fiscal privilegiado.

Contudo, reconhecemos que foi infeliz o legislador brasileiro ao não determinar um critério mais objetivo no texto da lei, o que pode resultar em disputas entre fisco e contribuintes, sobre se determinado país (não incluído na *black list*) poderia ou não ser considerado como paraíso fiscal para fins de aplicação das regras de preços de transferência.

3.3. Os métodos previstos para ajustes de preços de transferência

Para as operações entre partes vinculadas e equiparadas, sujeitas às regras da Lei nº 9.430/1996, quais sejam, operações comerciais e financeiras, ativas e passivas, passamos a examinar os métodos criados pelo legislador brasileiro para ajustes dos preços praticados.

Examinaremos inicialmente a aplicação das regras de transferência para operações financeiras ativas e passivas. Em seguida, examinaremos os métodos de ajustes para operações comerciais ativas e passivas.

O enfoque principal será dado às metodologias que preveem a aplicação de margens fixas. Considerando o escopo deste estudo, é para esses casos que a aplicação de margens alternativas deve ser considerada.

3.3.1. Preços de transferência em operações financeiras

As regras brasileiras de preços de transferência são aplicáveis a operações financeiras ativas e passivas praticadas entre sociedade brasileira e pessoa vinculada no exterior, ou a ela equiparável.

Em operações financeiras passivas (tomada de empréstimos), as regras de preços de transferência determinam os patamares máximos para a dedutibilidade dos respectivos juros. A legislação não exige a contratação de juros mínimos em operações passivas, apenas estabelece um teto para a sua dedutibilidade, evitando assim a excessiva remuneração da parte estrangeria e a transferência de resultados tributáveis do Brasil para o exterior.

Na outra ponta, considerando as operações financeiras ativas, as regras de preços de transferência estabelecem juros mínimos que devem ser cobrados pela mutuante brasileira, em relação a empréstimos concedidos a partes vinculadas no exterior. Novamente, o objetivo é evitar a saída de lucros tributáveis do Brasil.

Houve sensível alteração no texto legal sobre a matéria (artigo 22 da Lei 9.430/1996[85]) após a edição das Leis nºs 12.715/2012 e 12.766/2012.

No texto antigo, para contratos de empréstimo não registrados no BACEN, o preço parâmetro correspondia ao montante calculado pela aplicação da taxa *Libor*, acrescida do *spread* de 3%. Para os casos de operações registradas no BACEN, o preço parâmetro era calculado com base na própria taxa fixada em contrato.

Observa Elidie Palma Bifano[86] que, desde sua introdução ao ordenamento jurídico brasileiro (em 1996), o artigo 22 da Lei nº 9.430/1996 foi objeto de duras críticas, pelas seguintes razões principais: (i) afastamento do princípio *arm's length*; (ii) margens preestabelecidas que não se baseiam em dados de mercado; (iii) taxas de juros que podem ser estranhas ao segmento de mercado que contrata; e (iv) possibilidade geração de uma renda presumida (a renda mínima) que se afasta do conceito de renda constitucional.

O único "porto seguro" (salvaguarda ou *safe harbour*)[87] para as operações em questão seria o registro dos respectivos contratos no BACEN. Aqui a regra brasileira de preços de transferência presumia que as normas regulatórias somente permitiriam o registro de obrigações em condições *arm's length*.

[85] Art. 22 da Lei nº 9.430/1996, conforme redação antiga (anterior às alterações das Leis nºs 12.715/2015 e 12.766/2012): Art. 22 Os juros pagos ou creditados a pessoa vinculada, quando decorrentes de contrato não registrado no Banco Central do Brasil, somente serão dedutíveis para fins de determinação do lucro real até o montante que não exceda ao valor calculado com base na taxa Libor, para depósitos em dólares dos Estados Unidos da América pelo prazo de seis meses, acrescida de três por cento anuais a título de spread, proporcionalizados em função do período a que se referirem os juros. §1º No caso de mútuo com pessoa vinculada, a pessoa jurídica mutuante, domiciliada no Brasil, deverá reconhecer, como receita financeira correspondente à operação, no mínimo o valor apurado segundo o disposto neste artigo. (...) §4º Nos casos de contratos registrados no Banco Central do Brasil, serão admitidos os juros determinados com base na taxa registrada. (...).

[86] BIFANO, Elidie Palma. "Disciplina dos juros em matéria de preços de transferência". In "Tributos e preços de transferência". (Coord. Luis Eduardo Schoueri). Editora Dialética. São Paulo, 2013. P. 107.

[87] A doutrina faz referência a determinadas hipóteses práticas em que a regra de ajuste encontra exceção. São os chamados *safe harbours* ou "portos seguros". Em matéria de juros, na redação original da Lei nº 9.430/1996, a regra de *safe harbour* era aplicada a contratos de mútuo entre partes vinculadas com registro no BACEN.

A partir da vigência das novas regras[88], contudo, os juros pagos ou recebidos de pessoa jurídica vinculada em decorrência de contrato de mútuo (operações financeiras passivas ou ativas), independentemente de seu registro perante o BACEN, passaram a estar sujeitos ao controle de preços de transferência. Foi afastada a única regra de *safe harbour* a que fazia referência o texto legal sobre o tema.

A contratação de juros com partes vinculadas passou a observar o preço parâmetro calculado com base na taxa determinada pelo artigo 38-A da IN nº 1.312/2012, acrescido de uma margem variável (*spread*), definida pelo Ministro da Fazenda.

Nos termos do artigo 38-A, §8º, da IN 1.312/12, essa taxa varia a depender da moeda de contratação do empréstimo. Determina-se que: (i) em operações contratadas em dólares e taxa prefixada, a taxa aplicável seja a de mercado dos títulos soberanos da República Federativa do Brasil emitidos no mercado externo também em dólares; (ii) na hipótese de operações em reais no exterior com taxa prefixada, a taxa aplicável seja a de mercado dos títulos soberanos da República Federativa do Brasil emitidos no mercado externo em reais; e (iii) para os demais casos, o índice a ser empregado seja a taxa *Libor*, acumulada no prazo de seis meses.

As regras atinentes ao *spread* foram estabelecidas pela Portaria do Ministério da Fazenda (MF) nº 427/2013. Em seus termos, as margens percentuais a título de *spread* (a serem acrescidas às taxas de juros) serão de: (i) 3,5% para fins de dedutibilidade das despesas financeiras em operações passivas (tomada de empréstimos junto a partes vinculadas ou equiparadas); (ii) 2,5% para fins de reconhecimento de valor mínimo de receita financeira em operações ativas (empréstimos concedidos a partes vinculadas ou equiparadas); e (iii) zero para as operações ocorridas entre 1.1.2013 e 2.8.2013.

O que se observa é que a média do mercado do *spread* corresponde a um dado mantido e divulgado pelo próprio BACEN, e que os referenciais a serem considerados pelo Ministério da Fazenda, para fins de aplicação

[88] Em vista das polêmicas em torno do preço parâmetro determinado para os contratos não registrados no BACEN, as Leis nºs 12.715/2012 e 12.766/2012 trouxeram uma série de alterações ao artigo 22 da Lei nº 9.430/1996. Nos termos do artigo 56 da IN nº 1.312/2012 (que regulamentou as novas regras), tais alterações eram de aplicação optativa para o próprio ano de 2012 (opção irretratável), passando a ser obrigatórias a partir de 2013.

das regras de preços de transferência, devem observar esses referenciais. Em caso de alteração das margens de *spread* por oscilações das condições de mercado (por exemplo, cenário de crise econômica), seria razoável a alteração da Portaria nº 427/2013 para refletir a nova realidade de mercado (com base nos dados coletados pelo BACEN para o período).

Existe um estudo no âmbito do BACEN, denominado "Evolução do crédito, da taxa de juros e do spread bancário"[89], que, além de apresentar uma análise comparativa entre o *spread* bancário e as taxas de juros, decompõe o *spread* nos fatores que o integram (resíduos do banco, impostos diretos e indiretos, custos de compulsório, de inadimplência e de administração).

Como se verifica na edição de 2014 do aludido documento (relevante por fazer referência aos períodos de introdução das novas regras), a diminuição do *spread* bancário liderada pelos bancos públicos de 2012 e a retomada da tendência de elevação da taxa SELIC no ano de 2013, juntamente com a gradativa recomposição dos níveis de compulsórios, a partir do final de 2011, elevaram a participação do *spread* para algo em torno de 3%.

Por haver uma série de modalidades de *spread* bancário (que variam conforme o tipo de operação, que pode ser prefixada, pós fixada ou flutuante; ou pelas características do tomador de empréstimo, que podem ser pessoas físicas ou jurídicas, em condições normais ou preferenciais), esse percentual considera uma média, com base nos dados coletados pelo BACEN.

Em comparação com as regras originalmente previstas pela Lei nº 9.430/1996 (em especial às aplicáveis a contratos sem registro no BACEN), pode-se dizer que as Leis nºs 12.715/2012 e 12.766/2012 criaram mecanismos cujo objetivo era aproximar os preços parâmetros à realidade de mercado e, consequentemente, ao padrão *arm's length* preconizado pelo modelo OCDE.

Contudo, parece-nos que o legislador pecou ao determinar que a essas taxas deve ser acrescido um *spread* fixo, conforme definido em portaria ministerial. Considerando a constante oscilação das condições de mercado e demais variáveis que podem afetar a composição do *spread*, os percentuais apontados pelo Ministério da Fazenda (atualmente na Portaria nº 427/2013), em muitos casos, tendem a se distanciar de condições normais de mercado (e do padrão *arm's length*).

[89] Disponível para consulta no site do BACEN: www.bcb.gov.br.

A exemplo do que ocorre com os métodos de margens fixas (CPL, PRL, CAP, PVA e PVV), cuja aplicação pode resultar em distorções e inconstitucionalidades (por violação a princípios de isonomia e capacidade contributiva), o mesmo pode ser verificado em relação ao *spread* fixo que compõe o preço parâmetro para contratação de juros em empréstimos com partes vinculadas, conforme determinam as regras de preços de transferência.

No intuito de mitigar tais distorções, consta da Lei nº 9.430/1996 (artigo 22, § 7º) que: o Ministro de Estado da Fazenda poderá fixar a taxa de que trata o caput na hipótese de operações em reais no exterior com taxa flutuante[90]. A regra aqui é limitada, pois não aborda as hipótese de contração em moeda estrangeira. Além disso, não permite ao contribuinte pleitear a utilização de margens alternativas, como ocorre em relação aos métodos de margens fixas.

Essa inflexibilidade e restrição de alcance expõe o texto legal a potenciais questionamentos sobre sua constitucionalidade. Ao não dispor de mecanismos para equiparação do preço parâmetro dos juros às condições de mercado, a legislação acaba por materializar violações aos princípios de capacidade contributiva e de isonomia (abordados no capítulo II acima).

Se a legislação não dispõe de mecanismos para utilização da margem alternativa para a parametrização dos juros, os contribuintes podem pleiteá-la pela via judicial. Alternativamente, caso as operações sejam contratadas entre países signatários de Tratados, seria possível o pleito de margem alternativa via APA, conforme autoriza a IN nº 1.669/2016 (conforme será abordado no capítulo IV adiante).

Em síntese, caso os contribuintes identifiquem que as margens estabelecidas pela Lei nº 9.430/1996 destoam das condições normais de mercado, a alternativa a ser adotada para solução dessa distorção seria a utilização de mecanismos de Tratados (pleito de margens alternativas via APAs, conforme IN nº 1.669/2016), ou mesmo o litígio judicial.

3.3.2. Preços de transferência em operações comerciais

No caso de operações comerciais passivas com partes vinculadas, os custos, despesas e encargos de importações somente serão dedutíveis, na apuração

[90] Trata-se de regra distinta da verificada no artigo 21 da Lei nº 9.430/1996, segundo a qual se admitem margens distintas das aplicáveis aos métodos CPL, PRL, PVA, PVV e CAP, desde que devidamente comprovadas com documentação pertinente.

de IRPJ e CSL, até o valor que não exceda ao preço parâmetro determinado por um dos seguintes métodos: PIC, CPL e ou PRL (artigo 18 da Lei nº 9.430/1996).

Nas operações comerciais ativas (artigo 19 da Lei nº 9.430/1996), as receitas das exportações efetuadas para pessoa vinculada, ou a residente em paraíso fiscal, ficam sujeitas a arbitramento quando o preço médio de venda dos bens, serviços ou direitos for inferior a 90% do preço médio praticado na venda dos mesmos bens, serviços ou direitos, no mercado brasileiro, durante o mesmo período, em condições de pagamento semelhantes. Nessa hipótese, os ajustes são determinados com base em um dos seguintes métodos: PVEx, PVA, PVV ou CAP.

Especificamente no que diz respeito a operações comerciais passivas e ativas com *commodities*, sujeitas à cotação em bolsas de mercadorias e futuro internacionalmente reconhecidas, a Lei nº 12.715/2012 (artigo 50) introduziu, ao texto da Lei nº 9.430/1996, métodos específicos para determinação do preço parâmetro: o PCI e o PECEX.

As regras de preços de transferência se aplicam a toda e qualquer operação comercial ativa ou passiva, exceto as que envolvam royalties, transferência de tecnologia e assistência técnica relacionada (que permanecem sujeitas aos controles dos artigos 352 a 355 do RIR/99). São aplicáveis, inclusive, a operações que não envolvem a entrada/saída física de mercadorias no/do Brasil (operações de *back to back*).

No caso de operações na modalidade *back to back*, em que uma sociedade brasileira importa produto de parte vinculada (ou de paraíso fiscal) e o exporta a parte vinculada (ou a paraíso fiscal), sem o trânsito da mercadoria pelo Brasil, as regras de preços de transferência devem ser observadas tanto na operação de importação quando na operação de exportação (desde que envolvam partes vinculadas). É irrelevante que não exista circulação física da mercadoria no Brasil[91].

Feitas as considerações preliminares acima, passamos ao exame dos métodos previstos pela legislação brasileira para ajustes de preços de transferência em operações comerciais.

[91] Conforme § 2º do artigo 37 da IN nº 1.312/2012, a margem de lucro de toda a transação, praticada entre pessoas vinculadas, deve ser consistente com a margem praticada em operações realizadas com pessoas jurídicas independentes. O § 3º determina que deverão ser apurados dois preços parâmetros referentes à operação de compra e à operação de venda, observando-se as restrições legais quanto ao uso de cada método de apuração.

3.3.2.1. Operações comerciais passivas e ativas com commodities – Métodos PCI e PECEX

A Lei nº 12.715/12, em seu artigo 50, instituiu dois novos métodos para cálculo dos preços parâmetros nas importações e exportações de *commodities* sujeitas à cotação em bolsas de mercadorias e futuro internacionalmente reconhecidas.

Antes da edição da Lei nº 12.715/2012, não havia previsão de métodos específicos aplicáveis às operações de importação e exportação deste tipo de bens. Aos contribuintes cabia eleger o método que seria aplicado às suas operações, fato este que muitas vezes provocava distorções em relação às cotações internacionais.

Com relação às operações de importação, foi criado o Método do Preço sob Cotação na Importação ("PCI"). Para as operações de exportação foi criado o Método do Preço sob Cotação na Exportação ("PECEX").

Commodities são produtos básicos, bens comerciáveis, homogêneos e de amplo consumo, que podem ser produzidos e negociados por uma ampla gama de empresas. Podem ser produtos agropecuários, minerais, industriais e até mesmo financeiros. O que torna as *commodities* importantes na economia é o fato de que, embora sejam mercadorias primárias, ou minimamente industrializadas, podem ser negociadas em nível global.

Nos termos da IN nº 1.312/2012, os preços das *commodities* negociadas em Bolsas de Mercadorias e Futuros serão comparados com suas cotações em bolsa e eventualmente ajustados para mais ou para menos nos casos de importação de ou exportação para pessoas físicas ou jurídicas vinculadas (ou residentes em paraísos fiscais).

Especificamente quanto às operações de exportação de *commodities,* o artigo 34, parágrafo 6º, da IN nº 1.312/2012 (assim como ocorre em relação aos demais métodos de controle de preços de transferência em exportações, abordados detalhadamente adiante), afasta a aplicação das regras de preço de transferência apenas nos casos em que o preço de exportação for superior a 90% do preço médio praticado na venda dos mesmos bens[92].

Se não houver cotação específica para os bens importados ou exportados, a IN nº 1.312/2012 prevê a possibilidade de o preço médio de mercado ser aplicado ao bem similar com referência em publicação de instituições de pesquisa setoriais internacionalmente reconhecidas.

[92] Regra geral de *safe harbour* em preços de transferência para operações comerciais de exportação.

Em termos gerais, a criação dos métodos PCI e PECEX é positiva, pois permite, ainda que para produtos específicos, a simplificação da aplicação das regras de preços de transferência. Isto é, permite que os preços de importações e exportações de *commodities* sejam comparáveis com as cotações oficiais para os mesmos produtos (observada a data da operação e demais normas de ajuste/equalização de preços, para que não haja distorções entre os preços comparados).

As maiores controvérsias sobre a aplicação das regras de preços de transferência, contudo, não estão relacionadas à aplicação do PCI e PECEX (que, em verdade, tendem a reduzir as disputas em torno de ajustes sobre importação e exportação de *commodities*). As principais disputas decorrem, em verdade, da aplicação dos demais métodos, seja pela dificuldade prática de sua aplicação, seja pelas distorções que causam por não refletirem a realidade de mercado (situação específica dos métodos de margens fixas).

Uma vez apresentadas as regras específicas aplicáveis a operações financeiras e *commodities*, passamos a examinar os métodos específicos aplicáveis de forma genérica a operações de importação e exportação de bens, serviços e direitos, que constituem o cerne das controvérsias em matéria de preços de transferência.

3.3.2.2. Métodos aplicáveis a importações em geral

3.3.2.2.1. Método PIC

O artigo 18, I, da Lei nº 9.430/1996 (conforme redação dada pela Lei nº 12.715/2012) define o método PIC como a média aritmética ponderada[93] dos preços de bens, serviços e direitos, idênticos ou similares[94], apurados no mercado brasileiro ou de outros países, em operação de compra e venda

[93] A "média ponderada", a que faz referência o texto legal (assim como o "custo médio de produção", aplicável ao CPL), consiste apenas em considerar os preços praticados durante todo o período de apuração do IRPJ e da CSL a que se referirem os custos, despesas e encargos de importação. Considera-se sua média aritmética para fins de determinação do preço parâmetro do método PIC.

[94] Sobre o conceito de similaridade, fazemos referência ao artigo 42 da IN nº 1.312/2012: Para efeito do disposto nesta Instrução Normativa, 2 (dois) ou mais bens, em condições de uso na finalidade a que se destinam, serão considerados similares quando, simultaneamente: I – tiverem a mesma natureza e a mesma função; II – puderem substituir-se mutuamente, na função a que se destinem; e III – tiverem especificações equivalentes.

empreendidas pela própria interessada ou por terceiros, em condições de pagamento semelhantes.

A IN nº 1.312/2012 traz regras de "equalização" (ajustes), aptas a equiparar os preços de operações contratadas em diferentes condições. O caput de seu artigo 9º determina que "os valores dos bens, serviços ou direitos serão ajustados de forma a minimizar os efeitos provocados sobre os preços a serem comparados, por diferenças nas condições de negócio, de natureza física e de conteúdo"[95].

Tanto operações da própria importadora como de terceiros podem servir de base para aplicação do método PIC (desde que com produtos idênticos ou similares, observadas as regras de equalização). Para garantir que a comparação do método PIC observe as condições de mercado, as operações internas e externas devem contemplar apenas compras e vendas entre partes não relacionadas (independentes, não vinculadas)[96].

As operações utilizadas para fins de cálculo do preço parâmetro do PIC devem representar, ao menos, 5% do valor das operações de importação sujeitas ao controle de preços de transferência, empreendidas pela pessoa jurídica, no período de apuração, quanto ao tipo de bem, direito ou serviço

[95] Somente são permitidos ajustes no caso de bens, serviços e direitos "idênticos" relacionados com (artigo 9º, § 1º, incisos I a VIII): (i) prazo para pagamento; (ii) quantidades negociadas; (iii) obrigação por garantia de funcionamento do bem ou da aplicabilidade do serviço ou direito; (iv) obrigação pela promoção, junto ao público, do bem serviço ou direito, por meio de propaganda e publicidade; (v) obrigação pelos custos de fiscalização de qualidade, do padrão dos serviços e das condições de higiene; (vi) custos de intermediação, nas operações de compra e venda, praticadas pelas pessoas jurídicas não vinculadas, consideradas para efeito de comparação dos preços; (vii) acondicionamento; (viii) frete e seguro; e (ix) custo de desembarque no porto, de transporte interno, de armazenagem e de desembaraço aduaneiro incluídos os impostos e taxas de importação, todos no mercado de destino do bem. No caso de bens, serviços e direitos "similares", além das disposições acima, devem ser feitos ajustes em função das diferenças de natureza física e de conteúdo, considerando, para tanto, os custos relativos à produção do bem, à execução do serviço ou à constituição do direito, exclusivamente nas partes que corresponderem às diferenças entre os modelos objeto da comparação (artigo 10 da IN nº 1.312/12). Tendo em vista que o método PIC preconiza, em última análise, a comparação de importações entre pessoas vinculadas a condições normais de mercado, nos parece que a interpretação dessa norma deve ser ampliativa, no sentido de considerar o rol das hipóteses de ajuste como meramente exemplificativo.

[96] Lei nº 9.430/1996: Art. 18. (...). § 2º Para efeito do disposto no inciso I, somente serão consideradas as operações de compra e venda praticadas entre compradores e vendedores não vinculados.

importado, na hipótese em que os dados utilizados para fins de cálculo digam respeito às suas próprias operações (Lei nº 9.430/1996, artigo 18, § 10[97]).

Não sendo possível identificar operações de compra e venda no mesmo período a que se referirem os preços sob investigação, a comparação poderá ser feita com preços praticados em operações efetuadas em ano-calendário imediatamente anterior, ajustado pela variação cambial do período (IN nº 1.312/2012, artigo 11, § 2º).

A regra da IN nº 1.312/2012 está alinhada ao posicionamento da CSRF sobre a matéria (construído à época de vigência da IN nº 243/2002, que não dispunha de norma nesse sentido[98]). Em julgado emblemático sobre o tema (Acórdão CSRF nº 01-06.014[99]), a autuação baseada no PIC foi cancelada por utilizar como referência importações ocorridas em períodos posteriores ao fato gerador.

Embora corretamente aplicado ao caso concreto daqueles autos, esse entendimento não deveria ter sido introduzido de forma genérica à legislação aplicável ao PIC. Isto por várias razões, dentre as quais: a utilização do período imediatamente anterior, em muitos casos, pode resultar em distorções das condições de mercado. Exemplificando: em um ano de crise, a oscilação econômica e a instabilidade de comportamento dos mercados tende a ser maior do que em uma década de relativa estabilidade.

Seria mais adequado autorizar a produção de prova ampla pelos contribuintes (independente do período base de comparação), para que possam comprovar que os parâmetros utilizados, após sua devida equalização, refletem as reais condições de mercado (por quaisquer meios: relatórios de

[97] Importante novidade introduzida pela Lei nº 12.715/2012, ao texto da Lei nº 9.430/1996, diz respeito à necessidade de ser utilizada amostragem e/ou representação de valores de importação mínimos para determinação do PIC. O silêncio da norma anterior (e de sua regulamentação) resultou em controvérsias e disputas entre fisco e contribuintes, sobre qual seria o universo mínimo de representação a ser considerado para fins de comparação.

[98] A IN nº 243/2002 dispunha de redação mais ampla nesse sentido, autorizando a utilização de operações de períodos anteriores ou posteriores (sem qualquer limitação específica), que seriam ajustados também com base na variação cambial do período; o mesmo se verificava na vigência da IN nº 38/1997.

[99] Conforme voto do relator Marcos Vinícius Neder de Lima, a adoção da taxa de câmbio como única variável importante nesse cálculo (para fins de parametrização dos valores das importações) não emprestaria a segurança necessária à comparação de preços de importação em anos anteriores. Nas palavras do relator: isso equivaleria a subestimar a complexidade das economias modernas e as práticas de negócios internacionais.

desempenho econômico, estudos especializados, dentre outros). A norma deveria se preocupar com a correta equalização dos preços parâmetros, não com a restrição dos períodos das operações comparadas.

Em se tratando o PIC do único método que efetivamente permite uma parametrização com condições concretas de mercado (único método que, de forma efetiva, permite alcançar o padrão *arm's length* em importações)[100], suas hipóteses de aplicação deveriam ser cuidadosamente ampliadas (observados limites para que operações fora de condições normais de mercado não sejam autorizadas com parâmetros de comparação) e não restringidas pela norma reguladora[101].

O resultado prático da nova redação trazida pela IN nº 1.312/2012 é que, em operações anteriormente passíveis de aplicação do PIC, o contribuinte se vê obrigado a utilizar um método de margem fixa (PRL ou CPL). A crítica aqui é importante, pois, para se afastar as distorções geradas pela aplicação das margens fixas, restará ao contribuinte brasileiro o pleito por margens alternativas.

3.3.2.2.2. Método CPL

O artigo 18, III, da Lei 9.430/96 define o CPL como o custo médio ponderado de produção de bens, serviços ou direitos, idênticos ou similares, no país onde tiverem sido originariamente produzidos, acrescido dos impostos e taxas cobrados pelo referido país na exportação, e de margem de lucro de 20%, calculada sobre o custo apurado.

Conforme o artigo 15, § 1º, da IN nº 1.312/2012, a média aritmética ponderada do custo médio ponderado de produção será calculada considerando-se os custos incorridos durante todo o período de apuração da base de cálculo do IRPJ e da CSL a que se referirem os custos, despesas ou encargos. No CPL não existe margem para comprovação com base nos custos apurados no ano-calendário anterior (diferente do que se verifica em relação ao PIC).

[100] Aqui consideramos apenas operações de importações que não contemplam commodities, já que os métodos PVEx, PCI e PECEX também alcançam a essa finalidade, nas operações em que aplicáveis.

[101] Em que pesem os argumentos em sentido contrário, a CSRF e as Câmaras Baixas do CARF já se posicionaram sobre a impossibilidade de se aplicar o PIC em relação a operações ocorridas em períodos posteriores ao da importação (o próprio Acórdão CSRF nº 01-06.014 e o Acórdão nº 1302-00.362).

O CPL considera exclusivamente os custos incorridos na produção do bem, serviço ou direito, excluídos quaisquer outros, ainda que se refiram à margem de lucro de distribuidor atacadista (artigo 15, § 2º, da IN nº 1.312/2012[102]). Sobre os itens que integram o custo do CPL, a IN nº 1.312/2012 traz um rol específico (artigo 15, § 5ª):

> (i) o custo de aquisição das matérias-primas, dos produtos intermediários e dos materiais de embalagem utilizados na produção do bem, serviço ou direito;
> (ii) o custo de quaisquer outros bens, serviços ou direitos aplicados ou consumidos na produção;
> (iii) o custo do pessoal, aplicado na produção, inclusive de supervisão direta, manutenção e guarda das instalações de produção e os respectivos encargos sociais incorridos, exigidos ou admitidos pela legislação do país de origem;
> (iv) os custos de locação, manutenção ou reparo e os encargos de depreciação, amortização ou exaustão dos bens, serviços ou direitos aplicados na produção; e
> (v) os valores das quebras e perdas razoáveis, ocorridas no processo produtivo, admitidas pela legislação fiscal do país de origem do bem, serviço ou direito.

O rol acima reproduz parcialmente o disposto no artigo 46 da Lei nº 4.506/1964 (que traz diretrizes gerais para fins de apuração do imposto de renda), adaptado para fazer referência à legislação do país de origem do bem, serviço ou direito. Não apenas por trazer uma redação relativamente genérica [em especial nos itens (ii) e (v) acima], mas pela própria lógica que norteia a aplicação das regras de preços de transferência, parece-nos que a lista deve ser compreendida de forma meramente exemplificativa (e não exaustiva)[103].

[102] Os §§ 3º e 4º complementam esse dispositivo, ao determinarem que: (i) os custos de produção deverão ser demonstrados discriminadamente, por componente, valores e respectivos fornecedores; e (ii) poderão ser utilizados dados da própria unidade fornecedora ou de unidades produtoras de outras pessoas jurídicas, localizadas no país de origem do bem, serviço ou direito.

[103] Concordam com esse entendimento Marcelo Alvares Vicente (Op. Cit. 69) e Jonathan Vita (Op. Cit. 15. P. 261).

Na prática, existe grande dificuldade para aplicação do método CPL. Isso porque o método depende da abertura de custos por parte da sociedade estrangeira (o que pode ser dificultado por regras de sigilo comercial, por exemplo). Além disso, porque as regras contábeis estrangeiras podem ser distintas e incompatíveis com as brasileiras (existe a necessidade de compatibilização e harmonização dos GAAPs dos países importadores e exportadores).

Com efeito, as sociedades podem adotar critérios distintos para mensuração global de custos, dificultando a sua alocação a um produto específico, conforme exige a regra brasileira de preços de transferência, para fins de aplicação do CPL. Ademais, a base comparativa deve levar em conta a eficiência entre os processos produtivos de importador e exportador ou a sofisticação do mercado parâmetro, como preconizam os *guidelines* da OCDE.

À par das críticas sobre a dificuldade prática de aplicação do CPL, observa-se que o aludido método não preconiza a equiparação a um parâmetro de mercado efetivo. Cria apenas um mecanismo para identificação do custo do produto (o próprio bem, serviço ou direito, idêntico ou similar produzido por terceiro, no mesmo ou em outro país), importado do exterior, aplicando-se sobre este custo uma margem genérica de 20% (antes da incidência dos impostos e taxas cobrados no país de origem).

A impossibilidade de o CPL alcançar um parâmetro de mercado efetivo não decorre da metodologia de isolamento do custo do produto importado, mas da aplicação da margem de 20% indistintamente. Esta margem se aplica em relação a todo e qualquer produto, independentemente de sua natureza específica e das condições de seu mercado.

Ao determinar a aplicação da margem fixa de 20%, os dispositivos do CPL não consideram sequer as diferenças básicas de margens existentes em mercados atacadistas (que praticam margens menores) e varejistas (que praticam margens maiores).

Tais dispositivos também desconsideram que as margens de lucro podem variar para patamares muito distintos de 20%, a depender do segmento econômico em que estão inseridas as sociedades importadora e exportadora.

Se os custos, despesas e encargos de importações com partes vinculadas forem superiores ao preço parâmetro do CPL, o valor excedente não será dedutível da base de cálculo do IRPJ e da CSL. Como a margem de 20% tende a não refletir a realidade de mercado, a aplicação do CPL dá margem a arguições de inconstitucionalidade, principalmente por violações aos princípios de capacidade contributiva e isonomia (como já apontado no capítulo II).

A Lei nº 12.715/2012, ao alterar a Lei nº 9.430/1996, não trouxe nenhuma novidade relevante para o CPL, no que diz respeito à criação de margens fixas alternativas por setor (diferente do que ocorreu em relação ao PRL, como será abordado no tópico a seguir).

Dessa forma, cabe ao contribuinte que entender conveniente a aplicação do CPL tomar a iniciativa de pleitear a utilização das margens alternativas, através de APAs (conforme diretrizes da Lei nº 9.430/1996, da Portaria nº 222/2008 e da IN 1.669/2016)[104], ou pela via judicial.

Somente pela possibilidade de pleito nesse sentido que a regra do CPL não é absolutamente inconstitucional. Contudo, caso seja identificado que não existe possibilidade prática de se fazer prova da margem alternativa em casos práticos (lembrando aqui que, em casos concretos, não há histórico de qualquer aplicação de margem alternativa), a constitucionalidade da norma pode vir a ser questionada.

3.3.2.2.3. Método PRL

O método PRL certamente é o mais polêmico dos métodos existentes no texto legal brasileiro. Apesar de possuir uma lógica aparentemente simples, importada das *guidelines* da OCDE, pela qual o preço parâmetro é obtido pela subtração de uma margem (fixa) de lucro dos valores de revenda locais, a falta de clareza da legislação brasileira (que sofreu diversas alterações desde 1996), associada à sua precária regulamentação (há sucessivas instruções normativas sobre a matéria, totalmente contraditórias entre si), fomentou intensos debates entre fisco e contribuintes.

Na redação original do artigo 18 da Lei nº 9.430/1996, o preço parâmetro do PRL era obtido pela apuração da média aritmética dos preços de revenda dos bens ou direitos importados, diminuídos: (i) dos descontos incondicionais concedidos; (ii) dos impostos e contribuições incidentes sobre as

[104] Para alteração da margem fixa do CPL, a legislação dispõe apenas que que o Ministro de Estado da Fazenda poderá, em circunstâncias justificadas, alterar os percentuais de que tratam os artigos 18 e 19, de ofício ou mediante requerimento conforme com base em publicações, pesquisas ou relatórios (artigos 20 e 21, § 2º, da Lei nº 9.430/1996). A Portaria nº 222/2008 e a IN nº 1.312/2012 trazem os procedimentos gerais para alteração de margens de lucro no CPL (e demais métodos de margens fixas), os quais podem ser abordados através de APAs, nos termos da IN nº 1.669/2016, como será abordado em detalhes no capítulo IV deste estudo.

vendas; (iii) das comissões e corretagens pagas; e (iv) de margem de lucro de 20%, calculada sobre o preço de revenda.

Essa redação trazia dúvida sobre o alcance do PRL; isto é, se seria aplicável somente a importações de produtos acabados destinados à revenda, ou se seria também aplicável a produtos importados aplicados na produção de bens destinados à revenda.

Embora a redação original da Lei nº 9.430/1996 fosse silente sobre a questão do alcance, as autoridades fiscais incluíram restrição expressa à utilização do PRL para a importação de insumos no texto da IN nº 38/1997.

A dúvida sobre o alcance do PRL somente foi sanada pelo legislador com a edição da Lei nº 9.959/2000, que expressamente autorizou a utilização do método para importações de produtos destinados à produção de novos bens, aplicando-se a margem de lucro de 60%[105].

A partir daí, surgiram duas sistemáticas distintas de aplicação do PRL: uma para a importação de bens acabados destinados à revenda no Brasil, em que a margem aplicável seria de 20% ("PRL 20"); e outra para a importação de insumos aplicados à produção, em que a margem seria de 60% ("PRL 60").

Em linhas gerais, com base nas alterações introduzidas pela Lei nº 9.959/2000, o legislador estabeleceu para o PRL 60 a mesma estrutura de cálculo prevista na Lei nº 9.430/1996 para o PRL 20, alterando-se apenas a margem de lucro aplicável e a possibilidade de desconto do "valor agregado no País".

Visando esclarecer a metodologia para aplicação do método PRL, foi editada a IN nº 113/2000, cujas disposições foram incorporadas à IN nº 32/2001. Tais normativos deixavam claro que o método PRL deveria ser calculado com base no preço de venda do bem produzido no Brasil, e que este deveria ser tomado em seu valor absoluto. A partir deste valor, seriam

[105] Mesmo antes da Lei nº 9.959/2000, os contribuintes sustentavam a aplicação do método PRL para a importação de insumos, já que a IN nº 38/1997 (por ser uma norma secundária) não poderia inovar em relação ao texto legal, para criar uma restrição inexistente no ordenamento. A maior parte dos precedentes administrativos sobre a matéria reconhece a ilegalidade das restrições impostas pela IN nº 38/1997 ao alcance do PRL. Nesse sentido, destacam-se os seguintes acórdãos da CSRF: Acórdão nº 9101-01.212, sessão de 18.10.2010, Cons. Rel. Claudemir Rodrigues Malaquias; Acórdão nº 9101-00.487, sessão de 25.1.2010, Cons. Rel. Karen Jureidini Dias; Acórdão nº 9101-00280, sessão de 24.8.2009, Cons. Rel Karen Jureidini Dias; Acórdão CSRF nº 01-05.932, sessão de 11.8.2008, Cons. Rel. Karen Jureidini Dias.

feitas as deduções previstas em lei e diretamente calculada a margem de lucro. Finalmente, a margem de lucro seria diretamente diminuída do preço líquido de venda, para apuração do preço parâmetro, sem qualquer cálculo adicional.

As fórmulas para obtenção do preço parâmetro do PRL, conforme metodologia da Lei nº 9.430/1996 (com redação da Lei nº 9.959/2000 e regulamentação da IN nº 32/2001), podem ser assim descritas:

PRL 20	PRL 60
ML = (PR – A – B – C)*20%	ML = (PR – A – B – C – VA)*60%
PP = PR – A – B – C – ML	PP = PR – A – B – C – ML

Variáveis
ML = Margem de Lucro
PR = Preço de revenda
A = Descontos incondicionais
B = Impostos e contribuições sobre vendas
C = Comissões e corretagens pagas
VA = Valor Agregado
PP = Preço parâmetro

Embora de simples aplicação prática, a legislação e a regulamentação do PRL foram objeto de diversas críticas, por gerarem distorções em casos concretos.

No caso do PRL 20, a margem de lucro de 20% poderia não ser compatível com a realidade de mercado (resultando em ajustes sem referencial no princípio *arm's length*).

No caso do PRL 60, as críticas foram ainda mais severas, pois, além da incompatibilidade da margem de 60% com o mercado (mesma problemática do PRL 20), a aplicação da fórmula extraída do texto legal (cujas disposições foram basicamente transcritas para a IN nº 32/2001) não permitia o isolamento do valor do insumo importado, em relação ao valor absoluto do bem revendido, o que geraria potenciais distorções e, em determinados casos, impossibilidade de ajustes mesmo que a importação do insumo fosse superfaturada.

Seria o caso, por exemplo, da importação de para brisa para a produção de um veículo. A diferença abissal da grandeza de valores tornaria inócua a aplicação do método PRL: qualquer preço praticado na importação, ainda que abusivo, ficaria livre de ajustes, já que o preço parâmetro seria baseado no preço de venda do veículo.

Em vista das potenciais distorções causadas pela aplicação da metodologia prevista pelo texto legal (na metodologia da Lei nº 9.430/1996, reproduzida pela IN nº 31/2001) a casos concretos, as autoridades fiscais da RFB editaram a IN nº 243/2002, que modificou a estrutura do PRL no caso de bens aplicados à produção, introduzindo um procedimento adicional à metodologia dos normativos anteriores. Nos termos da IN nº 243/2002 passou a ser necessário efetuar um cálculo proporcional sobre o preço líquido de venda, para somente depois determinar o valor da margem de lucro e o preço parâmetro aplicável. A IN nº 243/2002 excluiu ainda a variável "valor agregado no País" para determinação do preço parâmetro do PRL 60.

A IN nº 243/2002 criou, assim, o chamado "critério de proporcionalidade", destinado a identificar a participação do insumo importado no produto final comercializado, para que os ajustes do PRL tomassem por base essa participação, e não o produto final comercializado em seu valor absoluto.

Nos termos do artigo 12, § 11, incisos I a V, da IN nº 243/2002, no caso da importação de bens aplicados à produção, o preço parâmetro do PRL 60 seria apurado conforme a seguinte metodologia:

> (i) toma-se o preço líquido de venda, assim considerada a média aritmética ponderada dos preços de venda do bem produzido, diminuídos dos descontos incondicionais concedidos, dos impostos e contribuições sobre as vendas e das comissões e corretagens pagas;
>
> (ii) calcula-se o percentual de participação do bem importado no custo total do bem produzido, de acordo com a planilha de custos da empresa;
>
> (iii) aplica-se o percentual de participação do bem importado no custo total do bem produzido sobre o preço líquido de venda, para encontrar o valor da participação do bem importado no preço de venda do bem produzido;
>
> (iv) depois, calcula-se a margem de lucro de 60% sobre a participação do bem importado no preço de venda do bem produzido; e

(v) finalmente, o preço parâmetro será equivalente à diferença entre o valor da participação do bem importado no preço de venda do bem produzido e a margem de lucro de 60%.

As disposições trazidas pela IN nº 243/2002 tiveram implicações significativas, provocando um aumento substancial no valor dos ajustes tributáveis para toda e qualquer operação sujeita à aplicação do PRL 60, conforme podemos verificar nos cálculos comparativos abaixo:

Exemplo 1 (Lei nº 9.430/1996, cf. Lei nª 9.959/2000 e IN º 32/2001)		**Bem 1**	**Bem 2**
a	Preço líquido de venda	$ 1.200	$ 1.200
b	Preço do produto vendido	$ 1.000	$ 1.000
c	Valor agregado no Brasil	$ 200	$ 400
d	Custo do bem importado	$ 800	$ 600
e	Margem de lucro	60%	
f	Lucro [(a-c)*e]	$ 600	$ 480
g	Preço parâmetro [a-f]	$ 600	$ 720
Ajuste tributável [d-g]		**$ 200**	**$ zero**

Exemplo 2 (IN nº 243/2002)		**Bem 1**	**Bem 2**
a	Preço líquido de venda	$ 1.200	$ 1.200
b	Preço do produto vendido	$ 1.000	$ 1.000
c	Valor agregado no Brasil	$ 200	$ 400
d	Custo do bem importado	$ 800	$ 600
e	Margem de lucro	60%	
f	Participação do bem importado no custo total do produto [d/b]	80%	60%
g	Preço líquido de venda proporcional [f*a]	$ 960	$ 720
h	Lucro [g*e]	$ 576	$ 432
i	Preço parâmetro [g-h]	$ 384	$ 288
Ajuste tributável [d-i]		**$ 416**	**$ 312**

A análise comparativa das fórmulas permite afirmar que: (i) a metodologia de cálculo do PRL da Lei nº 9.430/1996 (simplesmente reproduzida pela IN nº 32/2001) é diferente da prevista pela IN nº 243/2002, resultando em diferentes ajustes no lucro tributável; (ii) os ajustes com base na metodologia da IN nº 243/2002 são sempre superiores aos verificados na metodologia da Lei nº 9.430/1996; e (iii) as divergências decorrem, principalmente: (iii.1) da desconsideração da variável "valor agregado no Brasil" pela metodologia da IN nº 243/2002; e (iii.2) da introdução de "critério de proporcionalização" (participação do bem importado no custo total do produto) na metodologia da IN nº 243/02, que inexiste na fórmula da Lei nº 9.430/1996.

Se na lógica da IN nº 32/2001 os produtos importados que não tivessem grande relevância na produção local ficavam sempre livres de ajustes (distorção do exemplo do para-brisa), a lógica da IN nº 243/2002 criou distorções potencialmente maiores, pois somente estariam dispensados de ajustes os insumos que fossem revendidos com margem de lucro superior a 60%. Contudo, essa margem não foi idealizada pelo legislador para ser aplicada diretamente sobre o insumo, e sim em sobre o bem produzido com o insumo em questão.

Se a ideia do legislador fosse o isolamento do insumo, a margem fixa certamente seria inferior à de 60% (tanto assim que, quando o critério de proporcionalidade foi introduzido à Lei nº 9.430/1996, pela Lei nº 12.715/2012), a margem de 60% foi reduzida para 20% (exceto para situações excepcionais, em que seria de 30% ou 40%).

Observa-se que as inovações na fórmula do PRL 60 da IN nº 243/2002 não puderam ser identificadas na Lei nº 9.430/1996 (a fórmula da IN nº 243/2002 subverteu, por inteiro, o texto legal, trazendo fórmulas que não poderiam ser extraídas de sua leitura), o que resultou em contundentes questionamentos acerca de sua legalidade, verificados em inúmeras disputas entre fisco e contribuintes.

Na visão dos contribuintes, a IN nº 243/2002 seria ilegal e inconstitucional, pois, invariavelmente, as fórmulas de seu PRL resultavam em maiores ajustes tributáveis dos que os verificados com base nas fórmulas da Lei nº 9.430/1996 (reproduzidas na IN nº 32/2001).

Instruções normativas são normas secundárias e sua aplicação não poderia resultar em majoração de tributo. Logo, em observância ao princípio da legalidade, conforme se depreende do artigo 97 do CTN, somente a lei (e não uma mera instrução normativa) poderia alterar a base de cálculo do IRPJ e da CSL para majorá-los.

Por considerarem as disposições da IN nº 243/2002 ilegais e inconstitucionais, muitos contribuintes simplesmente deixaram de aplica-la, o que resultou em sistemáticas autuações por parte das autoridades fiscais, em relação a fatos geradores ocorridos entre 2003 e 2012 (ano que em a Lei nº 9.430/1996 foi alterada pela Lei nº 12.715/2012). Até hoje, a temática da legalidade da IN nº 243/2002 é um dos principais temas em pauta na CSRF do CARF e no Judiciário.

No âmbito do CARF, a maioria das decisões resultou contrária aos contribuintes, em regra sendo definida pelo voto de qualidade (ou de desempate), pela legalidade da IN nº 243/2002. Esse entendimento acabou se consolidando no âmbito da CSRF[106]. Na maior parte das decisões proferidas em âmbito administrativo prevaleceu o entendimento que a IN nº 243/2002 seria uma possível interpretação do texto legal, que teria inovado apenas em relação à metodologia da IN nº 32/2001. Tanto assim que, em setembro de 2018, foi editada a Súmula CARF nº 115, que considera a IN nº 243/2002 uma norma lícita para fins de apuração do PRL 60.

Sem entrar no mérito da paridade e imparcialidade dos julgamentos no âmbito do CARF, observa-se que as decisões pelo voto de qualidade (ou desempate), pela legalidade da IN nº 243/2002, resultaram na migração gradual do debate, anteriormente concentrado na esfera administrativa, para a esfera judicial, onde ainda não existe consenso acerca da legalidade e constitucionalidade do normativo.

Nota-se que, em muitos dos casos anteriormente julgados pela CSRF favoravelmente à tese defendida pelo Fisco, o Poder Judiciário acabou por reformar o entendimento, tanto em decisões proferidas em primeira (no âmbito da Justiça Federal)[107], como em segunda instância (no âmbito do Tribunal Regional Federal da 3ª Região – "TRF3")[108].

[106] A título exemplificativo, fazemos referência ao Acordão 9101-002.175, de 19.1.2016, proferido pela CSRF, sob relatoria do Conselheiro Marco Aurélio Valadão, que tem servido de base para os demais julgados sobre a matéria.

[107] Exemplos: (i) decisão proferida em 21.10.2016, nos autos da Ação Anulatória nº 0003561-21.2016.403.6121; e (ii) Decisão proferida em 21.6.2018, nos autos da Ação Anulatória nº 5000881-07.2018.4.03.6121.

[108] Exemplos: (i) TRF 3, 4ª Turma. Apelação Cível nº 0014709-97.2004.4.03.6105, julgamento em 6.9.2017; e (ii) TRF 3, 4ª Turma. Apelação Cível nº 0028202-25.2005.4.03.6100/SP, julgamento em 1.6.2016.

Nos Tribunais Superiores (STJ e STF) a matéria ainda não teve exame de mérito.

A Lei nº 12.715/2012, conforme disciplinada pelo artigo 12 da IN nº 1.312/2012, buscou afastar as discussões que vinham sendo até então travadas entre Fisco e contribuintes, "unificando" ambas as versões do PRL, com alterações destinadas a mitigar as distorções do modelo.

Nos termos da Lei nº 12.715/2012, o "novo PRL" passou a ser calculado com base na mesma metodologia antes prevista na IN nº 243/2002 para o cálculo do PRL 60 (considerando o critério de proporcionalidade), mas alterando as margens de lucro para patamares mais razoáveis, de 20% a 40%, conforme o segmento econômico dos contribuintes.

A metodologia de cálculo aplicável ao PRL, com a edição da Lei nº 12.715/2012, passou a se valer das seguintes variáveis: (i) preço líquido de venda; (ii) percentual de participação dos bens, direitos ou serviços importados no custo total do bem, direito ou serviço vendido; (iii) participação dos bens, direitos ou serviços importados no preço de venda do bem, direito ou serviço vendido; (iv) margem de lucro de 20% a 40% conforme o setor econômico (e não mais de 20% ou 60%, a depender da destinação do bem importado); e (v) preço parâmetro. Como se vê, a norma afastou a variável "valor agregado no Brasil", que embora constasse no texto da IN nº 243/2002, já não compunha a fórmula do seu PRL 60.

Outra novidade trazida pela Lei nº 12.715/12 em relação ao PRL foi a exclusão das seguintes parcelas no cálculo do percentual de participação dos bens importados nos produtos vendidos: (i) tributos incidentes na importação; (ii) gastos no desembaraço aduaneiro; e (iii) valores do frete e do seguro cujo ônus tenha sido do importador (desde que os mesmos tenham sido contratados com pessoas não vinculadas e/ou não residentes ou domiciliadas em países ou dependências com tributação favorecida ou com regime fiscal privilegiado).

Com base nessas alterações, o preço adotado na operação para fins do cômputo do PRL deixou de seguir o padrão CIF[109] (*cost, insurance and freight*) acrescido do Imposto de Importação ("I.I."), para seguir a cláusula

[109] Neste caso, temos que estão incluídas no preço da mercadoria vendida as despesas com seguro e frete até o local de destino. Logo, é do vendedor a obrigação de entregar a mercadoria ao comprador, no local em que este tem seu estabelecimento ou no porto de destino, correndo por sua conta as despesas com frete e seguro.

FOB[110] (*free on board*), mais benéfica aos contribuintes. O legislador procurou estancar, assim, as disputas existentes entre Fisco e contribuintes a esse respeito[111].

No que diz respeito às margens de lucro previstas pela Lei nº 12.715/2012, como visto, de modo diverso do que ocorria antes de sua publicação, deixaram de se basear na função atribuída ao bem importado no País (revenda ou utilização em produção) e passaram a ser fixadas conforme o setor de atividade do importador. De acordo com a redação dada pela Lei nº 12.715/2012 ao artigo 18, §10, da Lei nº 9.430/1996, as margens mínimas aplicáveis ao PRL passaram a ser as seguintes:

> (i) Margem de 40%: aplicável para os setores de *(a)* produtos farmoquímicos e farmacêuticos; *(b)* produtos do fumo; *(c)* equipamentos e instrumentos ópticos, fotográficos e cinematográficos; *(d)* máquinas, aparelhos e equipamentos para uso odontomédico-hospitalar; *(e)* extração de petróleo e gás natural; e *(f)* produtos derivados do petróleo;
>
> (ii) Margem de 30%: aplicável para os setores de *(a)* produtos químicos; *(b)* vidros e de produtos do vidro; *(c)* celulose, papel e produtos de papel; e *(d)* metalurgia; e
>
> (iii) Margem de 20%: aplicável para os demais setores.

Nos casos em que a pessoa jurídica realizar atividades enquadradas em diferentes setores econômicos, os cálculos deverão ser inicialmente individualizados e segregados de acordo com o respectivo setor de atividade e, em seguida, o preço parâmetro final deve ser apurado pela média

[110] Neste caso, cabe ao vendedor o encargo de entregar a mercadoria a bordo, pelo preço estabelecido, ficando as despesas decorrentes do transporte (frete e seguro) por conta do comprador, bem como os riscos da operação até o porto de destino.

[111] A questão envolvendo a exclusão de frete e seguros no cálculo dos ajustes de preços de transferência ainda comporta dúvidas, na medida em que a Lei nº 9.430/1996, conforme alterada pela Lei nº 12.715/2012, não chegou a determinar expressamente um tratamento fiscal aplicável aos valores de frete e seguros. A questão que se coloca é se a exclusão dessas parcelas se dá em relação ao "custo médio do item importado", ou ao "custo total médio ponderado do bem, serviço ou direito vendido". A nosso ver, o posicionamento das autoridades fiscais seria o de excluir os valores de frete e seguros apenas no "custo médio do item importado", na medida em que o artigo 12 da IN nº 1.312/2012, em seu §3º, determina expressamente a exclusão dessas parcelas no cômputo do custo médio do item importado, ao passo que o §4º impõe sua inclusão no custo total médio ponderado do bem.

ponderada dos respectivos preços dos setores econômicos. Racional similar já era aplicado na vigência da regra anterior, quando verificada a aplicação concomitante do PRL 20 e 60.

O quadro abaixo sintetiza as alterações introduzidas pela Lei nº 12.715/2012, na forma de determinação dos preços de transferência pelo método PRL:

	Lei 9.430/96 (IN 32/01)	**IN 243/02**	**Lei 12.715/12**
Metodologia do cálculo	Não era feita distinção entre metodologia aplicada para PRL 20 e PRL 60.	Distinção entre metodologia aplicada para PRL 20 e PRL 60.	Unificação das metodologias de cálculo anteriormente aplicáveis para PRL 20 e PRL 60.
Preço Praticado nas Operações	CIF + II	CIF + II	FOB
Margem de Lucro	✓ **20%** nos casos de revenda de bens, serviços ou direitos; e ✓ **60%** nos casos de bens, serviços ou direitos importados aplicados na produção.	✓ **20%** nos casos de revenda de bens, serviços ou direitos; e ✓ **60%** nos casos de bens, serviços ou direitos importados aplicados na produção.	✓ **40%** nos casos de *(a)* produtos farmoquímicos e farmacêuticos; *(b)* produtos do fumo; *(c)* equipamentos e instrumentos ópticos, fotográficos e cinematográficos; *(d)* máquinas, aparelhos e equipamentos para uso odontomédico-hospitalar; *(e)* extração de petróleo e gás natural; e *(f)* produtos derivados do petróleo; ✓ **30%** nos casos de *(a)* produtos químicos; *(b)* vidros e de produtos do vidro; *(c)* celulose, papel e produtos de papel; e *(d)* metalurgia; e ✓ **20%** nos demais casos.

Embora seja inegável que o PRL da Lei nº 12.715/2012 tenha evoluído e apresentado alterações positivas em relação à metodologia anterior, é certo que sua aplicação ainda comporta dúvidas e dá margem a disputas. O PRL continua sendo um método de margens fixas, apresentando assim os mesmos problemas e causando as mesmas distorções apresentadas nos capítulos iniciais deste estudo (por exemplo, incompatibilidade com a realidade de mercado, já que os percentuais não correspondem às margens de lucro efetivamente praticadas pelas sociedades, violações a princípios de isonomia, capacidade contributiva, dentre outras).

Sergio André Rocha pondera que "*o novo modelo de margens predeterminadas estabelecido para o PRL não deve atingir a finalidade mencionada na Exposição de Motivos da Medida Provisória n. 563/2012, da redução dos litígios envolvendo preços de transferência. Com efeito, a utilização dos diversos tipos de setores de atividade econômica abre a porta para diversas dúvidas a respeito de sua aplicação em casos concretos. Já que a Instrução Normativa n. 1.312/2012 não cuidou de concretizar as atividades econômicas sujeitas à aplicação de percentual de lucro específico, acreditamos que potenciais divergências interpretativas possam dar origem a uma nova onda de controvérsias entre Fisco e contribuintes*"[112].

As divergências interpretativas e controvérsias apontadas pelo autor decorrem, em última análise, da colisão entre a praticabilidade do PRL (e outros métodos baseados em margens fixas) e o padrão *arm's length*, bem como da violação ao princípio da isonomia e de capacidade contributiva.

Com efeito, ao aplicarem margens fixas que não condizem necessariamente com a realidade de mercado, ora as regras brasileiras de preços de transferência beneficiam, ora prejudicam contribuintes que, apesar de vivenciarem realidades de mercado distintas, têm seus lucros sujeitos a uma mesma regra de ajuste.

Embora de forma geral as novas regras aplicáveis ao PRL tenham diminuído o volume de litígios, de certa forma contrariando a previsão do autor, é certo que o modelo ainda não é o ideal e não atende as diretrizes do princípio *arm's length* que norteia a aplicação das regras de preços de transferência.

[112] ROCHA, Sérgio André. "Preços de Transferência e tipologia Jurídica: as Novas Margens de Lucros Presumidas do PRL". In Tributos e Preços de Transferência, 4º volume, coord. Luis Eduardo Schoueri. Dialética. São Paulo, 2013, p. 371 ss.

No cenário atual, em que o Brasil pleiteia o ingresso na OCDE, e existe uma pressão para que ocorra a harmonização entre o modelo brasileiro e o modelo OCDE, as discussões futuras tendem a estar relacionadas a metodologias para a busca de margens alternativas, dentre outras que permitam aproximar os preços parâmetros auferidos sobretudo pelos métodos de margens fixas (em especial o PRL) a condições de mercado.

Frise-se que a problemática das margens fixas poderia ser solucionada pela adoção de margens alternativas, considerando as particularidades de cada contribuinte, poupando assim fisco e contribuintes de potenciais disputas e aproximando o modelo brasileiro do modelo OCDE. No item 4.5 deste estudo, retornaremos à temática do PRL, sob a perspectiva da aplicabilidade de margens alternativas.

3.3.2.3. Metodologia de preços de transferência nas operações de exportação em geral

Diferentemente do que se verifica no caso de importações, nas operações de exportação de partes brasileiras a partes vinculadas no exterior, a legislação brasileira de preços de transferência preconiza a aplicação dos chamados *safe harbours*, que consistem em mecanismos para presunção automática da validade dos preços praticados, afastando assim a necessidade de ajustes de preços de transferência.

Observa-se que, apesar do amplo leque de mecanismos dos *Guidelines* da OCDE para a busca do "melhor método", a aplicação de tais mecanismos para se chegar às condições *arm's length* é uma tarefa geralmente árdua, complexa e custosa, tanto para os fiscos quanto para os contribuintes, o que pode gerar ineficiência, especialmente sob a perspectiva prática, dificultando (ou até mesmo inviabilizando) o controle de preços de transferência em diversas situações.

É por essa razão que muitos países[113], incluindo o Brasil, adotam os chamados *safe harbours*, que buscam simplificar ou mesmo afastar a aplicação das regras de preços de transferência em determinadas transações (em especial exportações, como medida de fomento a esse seguimento econômico, como se verifica no caso do Brasil), muito embora

[113] Por exemplo: Alemanha, Áustria, Brasil, Coréia do Sul, Paraguai, Israel, Japão, Holanda, Suíça, EUA, Portugal, Itália, Índia, México, entre outros.

possam colidir com o princípio *arm's length*, como observa a doutrina especializada[114].

Fato é que, apesar resistência da OCDE, atualmente os *safe harbours* são bem aceitos e largamente aplicados, tanto pelos contribuintes quanto pelas administrações, já que seus benefícios (decorrentes de praticabilidade, alçada por muitos doutrinadores como um princípio efetivo[115]) podem compensar seus possíveis malefícios (relacionados ao potencial distanciamento do padrão *arm's length*).

Há, inclusive, orientação mais recente da OCDE (em seus *Guidelines*), que atualmente recomenda sua aplicação para determinadas transações (restritas, envolvendo pequenos montantes e pequenas empresas)[116].

Na maior parte dos casos (em especial nos casos de países membros da OCDE, que seguem das diretrizes das Guidelines da OCDE, o que não é o caso do Brasil), as regras de *safe harbour* são definidas pelas autoridades fiscais, muitas vezes em conjunto com os contribuintes, em mecanismos "bilaterais" ou "multilaterais"[117].

Não obstante, diferentemente do que se verifica em outros países, no Brasil os *safe harbours* são determinados pela própria legislação (modelo "unilateral", típico dos países que adotam o *civil law*).

Como regra geral, as receitas das exportações efetuadas para pessoa vinculada ficam sujeitas a arbitramento quando o preço médio de venda dos bens, serviços ou direitos for inferior a 90% do preço médio praticado na venda dos mesmos bens, serviços ou direitos, no mercado brasileiro, durante o mesmo período, em condições de pagamento semelhantes (artigo 19, *caput*, da Lei nº 9.430/1996), com base em um dos seguintes métodos:

(i) Método do Preço de Venda nas Exportações ("PVEx"): definido como a média aritmética dos preços de venda nas exportações efetuadas pela própria empresa, para outros clientes não vinculados, ou por

[114] Sobre normas indutoras de comportamento, cf. Luis Eduardo Schoueri, Normas Tributárias Indutoras e Intervenção Econômica, 2005, Editora Forense

[115] Aqui fazemos referência à obra de Ricardo Marozzi Gregório: "Preços de Transferência – Arm's Length e Praticabilidade", ed. Quartier Latin.

[116] Revised Section E on Safe harbours in Chapter IV of Transfer Pricing Guidelines (Maio/2013).

[117] Cf. Schoueri, Luís Eduardo. "Preços de Transferência no Direito Tributário Brasileiro", ed. Dialética, 3º Edição, p. 381

outra exportadora nacional de bens, serviços ou direitos, idênticos ou similares, durante o mesmo período de apuração da base de cálculo do imposto sobre a renda e em condições de pagamento semelhantes;

(ii) Método do Preço de Venda por Atacado no País de Destino, Diminuído do Lucro ("PVA"): definido como a média aritmética dos preços de venda de bens, idênticos ou similares, praticados no mercado atacadista do país de destino, em condições de pagamento semelhantes, diminuídos dos tributos incluídos no preço, cobrados no referido país, e de margem de lucro de quinze por cento sobre o preço de venda no atacado;

(iii) Método do Preço de Venda a Varejo no País de Destino, Diminuído do Lucro ("PVV"): definido como a média aritmética dos preços de venda de bens, idênticos ou similares, praticados no mercado varejista do país de destino, em condições de pagamento semelhantes, diminuídos dos tributos incluídos no preço, cobrados no referido país, e de margem de lucro de trinta por cento sobre o preço de venda no varejo;

(iv) Método do Custo de Aquisição ou de Produção mais Tributos e Lucro ("CAP"): definido como a média aritmética dos custos de aquisição ou de produção dos bens, serviços ou direitos, exportados, acrescidos dos impostos e contribuições cobrados no Brasil e de margem de lucro de 15% (quinze por cento) sobre a soma dos custos mais impostos e contribuições; e

(v) Método do Preço sob Cotação na Exportação ("PECEX"): aplicável exclusivamente a *commodities*, independentemente da regra de safe harbour de 90%), definido como os valores médios diários da cotação de bens ou direitos sujeitos a preços públicos em bolsas de mercadorias e futuros internacionalmente reconhecidas.

Nos casos em que o preço parâmetro apurado pelos métodos de exportação for superior ao preço efetivamente praticado, a receita de exportação do contribuinte é considerada como menor do que o valor mínimo aceitável pelas regras de preços de transferência. Como consequência, essa diferença deve ser adicionada ao lucro líquido, para determinação do lucro real (bem como na determinação do lucro presumido ou arbitrado, conforme o caso) e na base de cálculo da CSL.

A regra que dispõe sobre a margem de 90% (*safe harbour* do artigo 19, *caput*, da Lei nº 9.430/1996), excludente de arbitramento com base nos métodos acima, é inaplicável para as exportações de *commodities* a partes vinculadas, sujeitas obrigatoriamente à aplicação do método PECEX.

Antes de abordarmos cada um dos métodos aplicáveis às operações de exportações, e suas peculiaridades no que diz respeito à questão das margens alternativas, examinaremos, uma a uma, as cláusulas de *safe harbours* previstas pela legislação brasileira.

Essa análise preliminar é importante não apenas pelo fato de os *safe harbours* constituírem um ponto central na aplicação das regras de preços de transferência em exportações, mas também pelo fato de interferirem e flexibilizarem a aplicação das margens fixas, minimizando potencialmente as distorções do modelo brasileiro em comparação com o princípio *arm's length*.

3.3.2.3.1. Safe harbours na legislação brasileira

3.3.2.3.1.1. Safe harbour da Lei nº 9.430/1996 (Regra de 90%)

A primeira (e mais importante) regra de *safe harbour*, como mencionado no tópico anterior, é a contida no artigo 19, *caput*, da Lei nº 9.430/1996. Aludido dispositivo determina que "*as receitas auferidas nas operações efetuadas com pessoa vinculada ficam sujeitas a arbitramento quando o preço médio de venda dos bens, serviços ou direitos, nas exportações efetuadas durante o respectivo período de apuração da base de cálculo do imposto de renda, for inferior a noventa por cento do preço médio praticado na venda dos mesmos bens, serviços ou direitos, no mercado brasileiro, durante o mesmo período, em condições de pagamento semelhantes*".

Por outro lado, se os "preços médios praticados em operações de exportação", a pessoas vinculadas e independentes, forem superiores a 90% dos "preços médios praticados no mercado interno", durante o mesmo período e em condições de pagamento semelhantes, fica afastada a necessidade de aplicação dos métodos previstos na legislação para operações de exportação (PVEx, PVA, PVV e CAP), exceção feita ao PECEX (aplicável exclusivamente a *commodities*, não sujeitas à regra de *safe harbour*).

Vale observar que o preço médio a ser considerado para fins de aplicação da regra de *safe harbour*, para as exportações, deve considerar tanto as exportações para partes vinculadas, como para partes independentes. Já o preço médio das operações no mercado brasileiro, para fins de comparação, deve tomar por base necessariamente operações entre partes independentes (embora a legislação não disponha de forma clara a esse respeito, tal exigência encontra-se expressa na IN nº 1.312/2012).

O intuito do legislador, no caso, é comparar o preço médio das exportações da sociedade brasileira (a partes vinculadas e a partes independentes), com o preço médio das compras e vendas no mercado brasileiro, praticadas entre partes independentes (quaisquer partes independentes, ainda que não a sociedade exportadora). A esse respeito, alinhamo-nos ao entendimento de Luis Eduardo Schoueri[118]:

> "Vale notar que o texto legal não faz a referência à qualidade das exportações ou das vendas internas, podendo parecer que o preço médio das exportações também incluiria as vendas a pessoas não vinculadas. Ao mesmo tempo, enquanto o parágrafo 8º determina que as vendas internas somente sejam consideradas se praticadas entre compradores e vendedores não vinculados, para efeito do disposto no parágrafo 3º do mesmo artigo 19 da Lei nº 9.430/96, o parágrafo 3º do artigo 14 da IN nº 243/02 estende tal exigência a todo aquele dispositivo. Assim, pela leitura da lei, poder-se-ia entender que a regra de *safe harbour* exige mera comparação dos preços médios de exportações (pessoas vinculadas e não vinculadas) com os preços de operações internas (vinculadas e não vinculadas). Pela IN nº 243/02, teríamos a comparação do preço médio de exportações (vinculadas e não vinculadas) com o preço de vendas internas com pessoas não vinculadas. Dispositivo com conteúdo equivalente foi reproduzido no artigo 20, parágrafo 3º da IN nº 1.312/12. A solução proposta acima parece, entretanto, mais de acordo com a sistemática proposta pela legislação brasileira."

Importante observar que a própria Lei nº 9.430/1996, no § 1º de seu artigo 19, dispõe que "*caso a pessoa jurídica* [exportadora, sujeita a controle de preços de transferência] *não efetue operações de venda no mercado interno, a determinação dos preços médios a que se refere o caput será efetuada com dados de outras empresas que pratiquem a venda de bens, serviços ou direitos, idênticos ou similares, no mercado brasileiro*". O dispositivo é complementado pelo artigo 20, *caput* e §§ 2º e 3º, da IN nº 1.312/2012:

[118] Op. Cit. 5, pp. 385-386.

> "Art. 20. As receitas auferidas nas operações efetuadas com pessoa vinculada ficam sujeitas a arbitramento quando o preço médio de venda dos bens, serviços ou direitos, nas exportações efetuadas durante o respectivo período de apuração da base de cálculo do imposto de renda e da CSLL, for inferior a 90% (noventa por cento) do preço médio praticado na venda dos bens, serviços ou direitos, idênticos ou similares, no mercado brasileiro, durante o mesmo período, em condições de pagamento semelhantes. (...)
>
> § 2º Caso a pessoa jurídica não efetue operações de venda no mercado interno, a determinação dos preços médios a que se refere o caput será efetuada com dados de outras pessoas jurídicas que pratiquem a venda de bens, serviços ou direitos, idênticos ou similares, no mercado brasileiro.
>
> § 3º Para efeito do disposto neste artigo, serão consideradas somente as operações de compra e venda praticadas, no mercado brasileiro, entre compradores e vendedores não vinculados."

Assim, a partir de uma análise conjunta do texto da lei e da IN nº 1.312/2012, em princípio, o *safe harbour* (Regra de 90%) poderia ser apurado com base nas operações do fornecedor à própria sociedade exportadora, ou entre quaisquer partes independentes no Brasil, desde que: (i) o exportador não realize operações de vendas no mercado local a partes independentes (caso tais operações existam, devem ser consideradas prioritariamente para fins de apuração do *safe harbour*); (ii) o fornecedor seja parte independente; (iii) os bens sejam similares ou idênticos; (iv) as operações sejam consideradas num mesmo período; e (v) as condições de pagamento sejam semelhantes.

Da mesma forma, caso o exportador não efetue vendas do bem exportado a terceiros independentes, entendemos que o *safe harbour* poderia ser apurado com base nos preços locais de operações entre quaisquer terceiros independentes no mercado brasileiro, ainda que de fornecedor independente para empresa brasileira que seja do mesmo grupo econômico que a sociedade exportadora.

Isto porque o intuito do legislador, a nosso ver, consiste em conferir comparabilidade da operação de exportação (entre partes vinculadas) com o preço de mercado praticado no mercado brasileiro (operações locais em condições *arm's length*). As condições, para tanto, resumem-se à inexistência de vendas do próprio exportador a terceiros independentes no Brasil (caso tais operações existam, devem ser consideradas prioritariamente para fins de apuração do *safe harbour*), e que os preços médios comparados (na exportação e no mercado interno) sejam apurados em relação a produtos idênticos ou similares, em um mesmo período, em condições de pagamento semelhantes.

Cabe observar, ainda, que a IN nº 1.312/2012 prevê outros mecanismos de *safe harbour*, que podem ser aplicados de forma alternativa ao previsto no artigo 19, caput, da Lei 9.430/96 (Regra dos 90%), inclusive para fins de flexibilização de margens fixas. Passamos a examiná-los.

3.3.2.3.1.2. Os safe harbours complementares da IN nº 1.312/2012

Além do *safe harbour* que dispõe sobre a margem de 90%, previsto pela própria Lei nº 9.430/1996, a IN nº 1.312/2012, conforme alterações posteriores, trouxe regras de *safe harbour* adicionais, a saber:

(i) *Safe harbour da margem de divergência de 5% (artigo 51 da IN nº 1.312/2012)*: determina que será considerada satisfatória a comprovação, nas operações com pessoas jurídicas vinculadas, quando o "preço parâmetro" (obtido por qualquer dos métodos previstos em lei, que para exportações correspondem ao PVEx, PVA, PVV e CAP) divirja em até 5%, para mais ou para menos, daquele constante dos documentos de importação ou exportação. Nota-se que, com base no texto da IN nº 1.312/2012, a margem de divergência deve ser aplicada em relação ao preço parâmetro aferido a partir de algum dos métodos (PVEx, PVA, PVV ou CAP, caso o preço médio de exportações seja inferior a 90% do preço médio de operações no mercado brasileiro). Isto é, esse *safe harbour* específico somente se aplica quando não for aplicável a regra geral de *safe harbour* prevista pelo 19 da Lei nº 9.430/1996, por exigir a identificação do preço parâmetro por algum dos métodos previstos pelo texto legal[119];

[119] Este safe harbour é aplicável tanto para operações de exportação quanto importação. Portanto, não afasta a aplicação dos métodos previstos na Lei 9.430/96. Diferentemente do que ocorre com outros *safe harbours*, é necessário que se calcule o preço parâmetro pela utilização de algum dos métodos previstos na legislação para chegar-se ao preço parâmetro e comparar-se este preço com aquele efetivamente praticado. Caso o preço parâmetro não difira em montante superior a 5% do preço efetivamente praticado, nenhum ajuste nas bases do IRPJ e CSL da pessoa jurídica é necessário. Cumpre esclarecer que a margem de divergência se presta apenas para aferir a necessidade de ajuste, mas, se por acaso for verificada a necessidade de realização

(ii) *Safe harbour da representatividade mínima de 5% (artigo 49 da IN nº 1.312/2012)*: dispõe que a pessoa jurídica que tiver uma receita líquida de exportações a partes vinculadas, exceto se localizadas em paraísos fiscais[120], pouco representativa (inferior a 5%), em comparação com o volume total de suas exportações (a partes vinculadas, inclusive em paraíso fiscal[121], e a partes independentes), poderá comprovar a adequação dos preços praticados com os documentos relacionados com a própria operação; e

(iii) *Safe harbour da lucratividade mínima (artigo 48 da IN 1.312/12)*: dispensa de ajustes a empresa exportadora que, cumulativamente: (a) tenha uma lucratividade mínima relevante (10% em relação às receitas de exportação a partes vinculadas, exceto se localizadas em paraíso fiscal), e (b) tenha um montante considerado pouco representativo de exportações para pessoas jurídicas vinculadas, quando comparado com a totalidade das receitas de exportação (inferior a 20% do total de receitas de exportação). Importa observar que, embora expressamente previsto, esse *safe harbour* não possui aplicabilidade prática, já que a eventual utilização do método CAP (custo+15%), combinada com o *safe harbour* da margem de divergência (item (i) acima), dispensa de ajustes as exportações que observarem a regra de "custo + 10%", tornando inócuo o requisito de baixa representatividade (segundo requisito do *safe harbour* de lucratividade mínima).

Observa-se, em síntese, que embora o modelo OCDE não prestigie os *safe harbours*, tais mecanismos são de inegável aplicabilidade prática, servindo simultaneamente como instrumento facilitador da regra de preços

de ajuste, a margem de divergência não deverá ser considerada no cálculo. Esta questão já foi decidida neste sentido pela Delegacia Regional de Julgamento de São Paulo (Decisão 16-20137, 5a. Turma, de 19.1.2009). Por fim, vale notar que esta margem será de 3% na hipótese de importação ou exportação de commodities sujeitas a cotação em bolsas de mercadorias e futuros internacionalmente reconhecidas.

[120] Art. 50. O disposto nos arts. 48 e 49: I – não se aplica em relação às vendas efetuadas para pessoa jurídica, vinculada ou não, domiciliada em país ou dependência com tributação favorecida, ou cuja legislação interna oponha sigilo, conforme definido no art. 52; (...)

[121] Art. 49. (...) Parágrafo único. No cálculo da receita líquida de exportação a que se refere o caput devem ser incluídas, também, as receitas de vendas efetuadas para pessoas físicas ou jurídicas residentes ou domiciliadas em país com tributação favorecida.

de transferência (elemento de praticabilidade, preconizado pelo modelo brasileiro) e de fomento às exportações brasileiras.

No contexto do pleito de ingresso do Brasil na OCDE, os mecanismos de *safe harbour* brasileiros poderiam ser vistos como forma de aprimorar o modelo OCDE. Não obstante, isto não significa que a "busca pelo melhor método", em efetivas condições *arm's length*, deva ser desprestigiada ou abandonada.

Pelo contrário, o movimento deve ser de "convergência" entre os modelos, e não de migração de um para outro, já que ambos apresentam prós e contras. A praticabilidade do modelo brasileiro, da qual os *safe harbours* são um exemplo claro, deve ser mantida como instrumento opcional, podendo os contribuintes, sempre que possível, buscarem mecanismos efetivos para comprovação da compatibilidade dos preços praticados com partes vinculadas com aqueles que seriam praticados entre partes independentes, ou em condições normais de mercado.

Nesse contexto, observa-se que a própria metodologia de margens fixas, tal qual prevista na legislação brasileira, poderia ser mantida como uma opção (*safe harbour*), a qual poderia ser complementada pela metodologia de margens alternativas. Para tanto, o texto legal dependeria de aprimoramento, para que o contribuinte tenha maior segurança jurídica na busca de margens alternativas. Essa temática voltará a ser abordada, em maior profundidade, no capítulo IV deste estudo.

3.3.2.3.2. Os métodos aplicáveis às operações de exportação

Como visto no tópico acima, em operações de exportações o legislador brasileiro foi menos rigoroso ao estabelecer as regras de ajustes de preços de transferência. Tanto que, para que sejam determinados ajustes, a legislação exige seja superada a barreira do *safe harbour* da "regra de 90%". De fato, somente se o preço médio de exportações for inferior a 90% do preço médio de operações locais, é que as operações estarão sujeitas à aplicação de ajustes com base nos métodos PVEx, PVA, PVV ou CAP, prevalecendo o mais benéfico ao contribuinte.

E mesmo quando superada essa barreira inicial, ainda assim as regras brasileiras de preços de transferência, conforme regulamentação da própria Receita Federal do Brasil (IN nº 1.312/2012) permitem uma flexibilização dos métodos de margens fixas, através do *safe harbour* da margem de divergência (de 5%).

Observa-se, dessa forma, que as regras brasileiras de preços de transferência em exportações, pelo seu elevado grau de praticidade e flexibilidade, resultam em um menor número de disputas entre fisco e contribuintes, e também em um menor índice de ajustes de preços de transferência (comparativamente aos verificados em operações de importação). Abaixo, examinamos os métodos previstos pelo legislador brasileiro para o controle de preços de transferência em exportações.

3.3.2.3.2.1. Método PVEx

O PVEx encontra previsão legal no artigo 19, § 3º, I, da Lei nº 9.430/1996 e regulamentação no artigo 30 da IN nº 1.312/2012 (que reproduz sem alterações o artigo 23 da IN nº 243/2002). Seu preço parâmetro toma por base os preços médios ponderados de venda nas exportações de produtos idênticos ou similares, em condições semelhantes de pagamento a partes não vinculadas (independentes)[122].

Caso não seja possível identificar operação idêntica ou similar feita pela própria exportadora a terceiro independente, poderá ser considerado como parâmetro o preço praticado por outra exportadora brasileira a terceiro independente (observados os ajustes de equalização previstas nos artigos 22 a 25 da IN nº 1.312/2012).

Observa-se que o alcance do PVEx é mais restrito que o do PIC (aplicável a importações). No PIC é permitida a comparação de operações entre exportadores e importadores de diferentes países (não se limita a importações para o Brasil). No caso do PVEx, a leitura da Lei nº 9.430/1996 e da IN nº 1.312/2012 aparentemente restringe as operações passíveis de comparação a exportações feitas a partir do Brasil.

Por se tratar do único dos métodos de exportação que permite a efetiva comparação dos preços de exportação praticados com partes vinculadas aos praticados entre partes independentes (em condições *arm's length*), parece-nos que a regra deveria ser flexível, de modo a aumentar o leque de possibilidades de comparação (para algo que mais se assemelhe à sistemática do PIC).

[122] Aqui valem as mesmas considerações abordadas no tópico específico do PIC, com relação às definições, interpretações e implicações práticas dos termos "preços médios ponderados" e "produtos idênticos ou similares".

A crítica aqui é importante, pois, ao restringir o alcance do PVEx, o contribuinte que não se encaixa nas regras de *safe harbour* fica obrigado a efetuar os ajustes de preços de transferência com base em algum dos métodos de margens fixas para exportações (CAP, PVA ou PVV).

Tais métodos de margens fixas, a exemplo dos aplicáveis a importações (CPL e PRL), partem de presunções que, em muitos casos, afastam o preço parâmetro da realidade de mercado, resultando nas distorções e inconstitucionalidades abordadas ao longo deste estudo.

3.3.2.3.2.2. Método CAP

O método CAP é espelho do CPL (aplicável às importações). Encontra disciplina no artigo 19, § 3º, IV, da Lei nº 9.430/1996, conforme regulamentação do artigo 33 da IN nº 1.312/2012. O preço parâmetro do CAP corresponde à média aritmética dos custos de aquisição ou de produção dos bens, serviços ou direitos, exportados, acrescidos dos impostos e contribuições cobrados no Brasil e de margem de lucro de 15% sobre a soma dos custos mais impostos e contribuições.

Segundo o artigo 33 da IN nº 1.312/2012 (cuja redação é idêntica à do artigo 26 da IN nº 243/2002), integram o custo de aquisição os valores de frete e seguro pagos pela pessoa jurídica adquirente, relativamente aos bens, serviços e direitos exportados (determinação de utilização do preço CIF). Por outro lado, excluem-se do custo de aquisição ou produção, sobre o qual é aplicada a margem de 15%, apenas a parcela do crédito presumido de IPI, PIS e COFINS. A partir dessas premissas, a fórmula do método CAP pode ser assim indicada:

Fórmula CAP
PP = (1+ML)*(CMP + T)
Variáveis
PP = Preço parâmetro
ML = Margem de lucro
CMP = Custo médio ponderado
T = Tributos incidentes sobre a operação no Brasil
C = Comissões e corretagens pagas

Na aplicação do método CAP (a exemplo dos demais métodos), há possibilidade de aplicação de regra de *safe harbour* da margem de divergência (artigo 51 da IN 1.312/12), o que permite diminuir, em 5%, o preço parâmetro obtido a partir da aplicação da fórmula acima. Em termos práticos: o CAP, em condições normais, toma por base a metodologia de "custo + 15%". Aplicando-se a regra de *safe harbour* da margem de divergência, o CAP passa a considerar a metodologia de "custo + 10%".

Observe-se que, caso a operação de exportação seja realizada via *trading* (pessoa jurídica comercial exportadora independente), existe regular aplicação do método (de forma similar ao que se verifica na importação por interposta pessoa, abordada no item 3.2.2 deste estudo). Para essa hipótese específica, nos termos do artigo 33, § 4º, da IN nº 1.312/2012, o preço parâmetro não deve considerar o novo acréscimo a título de margem de lucro da pessoa jurídica comercial exportadora, de forma que o controle ocorra como se a operação fosse uma exportação direta a parte vinculada no exterior[123].

Observa-se que, contrariamente ao método CPL, para o qual existe grande dificuldade de aplicação por exigir a abertura de custos por parte da sociedade estrangeira, a aplicação do CAP é mais simples e depende apenas de informações da sociedade brasileira. Por essa razão, nas autuações existentes sobre o tema, é muito comum a utilização deste método pelas autoridades fiscais (é o método mais utilizado para o controle de exportações).

Apesar de sua larga aplicação em casos concretos, um ponto sensível à aplicação do método CAP consiste em definir qual seria o "custo médio de aquisição" a considerar na apuração do método CAP, para determinação do preço parâmetro a ser observado nas operações de exportação do Brasil para partes vinculadas no exterior.

A Lei nº 9.430/1996, nesse particular, faz referência genérica ao termo "média aritmética do custo de aquisição ou produção" (cuja redação é praticamente idêntica à da IN nº 1.312/2012), sem qualquer indicação específica sobre: (i) a obrigatoriedade de utilização do "custo histórico" (tal qual definido nas regras gerais de apuração do imposto sobre a renda);

[123] Aqui reiteramos que o controle de preços de transferência se limita a preços de importação/exportação, não se aplicando a custos domésticos.

ou (ii) a impossibilidade de utilização do "valor realizável líquido" dos bens (conforme definido nas regras contábeis em vigor).

Observa-se que o "custo histórico" reflete, pura e simplesmente, o valor contabilizado quando da aquisição do bem (acrescido de impostos, contribuições, valores de frete, seguro, etc.). Por seu turno, o "valor líquido realizável" é definido como o "*preço estimado no custo normal de negócios deduzido dos custos estimados para sua conclusão e dos gastos estimados necessários para se concretizar a venda*" (descrição das regras contábeis do CPC nº 16), aproximando-se, dessa forma, do que seria o "valor justo"[124].

Em vista da ausência de determinação expressa na legislação de preços de transferência, em especial após a edição da Lei nº 12.973/2014 – que extinguiu o chamado Regime Tributário de Transição ("RTT") e unificou a apuração contábil e fiscal – parece-nos que a possibilidade de utilização do "valor realizável líquido", e não do "custo histórico", para fins de apuração do Método CAP, seria viável a partir do exame integrado das regras contábeis e fiscais aplicáveis, além dos princípios que norteiam a aplicação das regras brasileiras de preços de transferência (em especial o *arm's length*).

Sob a perspectiva de operações com bens cujo valor dos estoques tende a se reduzir com o passar do tempo, a utilização do valor realizável líquido (valor justo, conforme as regras contábeis) tende a se mostrar mais benéfica aos contribuintes. Todavia, situação contrária pode ser verificada em outras hipóteses de aplicação do método CAP, como por exemplo em operações de alienação de participação societária (exportações de direitos, de forma geral), cuja reavaliação pode resultar em valor superior ao do custo originalmente registrado.

Em linhas gerais seria defensável para os contribuintes a utilização do referencial de custo que lhe seja mais benéfico, tanto em virtude da ausência de previsão legal específica como pelo fato de as regras de preços de transferência se basearem em presunções passíveis de interpretação favorável aos contribuintes (princípio geral de prevalência do método mais benéfico).

Ante à ausência de clareza do texto legal, parece-nos que o ideal seria uma revisão ou complementação das normas aplicáveis, para que sejam dirimidas as dúvidas a respeito do referencial de custo que deve ser observado para fins de aplicação do método CAP em casos concretos.

[124] Informações e definições baseadas no Comitê de Pronunciamentos Contábeis nº 16.

Outra crítica ao texto legal diz respeito à sua aplicabilidade precária às operações de alienação de participações societárias, já que, como se depreende da leitura da Lei nº 9.430/1996 e da IN nº 1.312/2012, suas diretrizes estão claramente voltadas às operações com mercadorias, não sendo adequadas para operações com serviços e direitos. Ainda assim, pelo fato de os demais métodos (PVEx, PVA e PVV) se mostrarem, a princípio, inviáveis para o controle de tais operações, o CAP resulta, na prática, como o único instrumento para o controle de preços de transferência nesses casos.

Dessa forma, além do método se mostrar inapropriado conceitualmente (já que voltado para operações com mercadorias), a margem fixa (de 15% ou 10%, se considerada a regra de *safe harbour*) igualmente se mostra com grandes potenciais de criar distorções e incompatibilidades com o que seria uma condição normal de mercado (e com o princípio *arm's length*).

Isto é, além de conferir um referencial de praticabilidade questionável, já que, como visto, a definição do que seria o "custo de aquisição" comporta controvérsias, o método está baseado na aplicação de uma única margem fixa que deve ser aplicada tanto para o controle de operações com mercadorias, como para o controle de operações com serviços e direitos, o que, evidentemente, resulta em incompatibilidade com o padrão *arm's length*.

Ainda que a legislação prestigie a aplicação do método mais benéfico, fato é que os demais métodos de margens fixas (PVA e PVV) são de difícil aplicação prática, pois dependem da abertura de informações estrangeiras. Logo, para fins de compatibilização do modelo brasileiro com o modelo OCDE (com o padrão *arm's length*), parece-nos relevante conferir um maior grau de praticabilidade ao método CAP.

Para tanto, um caminho seria ampliar a possibilidade de flexibilização das margens fixas (permitindo aos contribuintes a utilização de margens alternativas), além da criação de mecanismos específicos para aplicação desse método para operações com serviços e direitos, já que a regra atual se mostra direcionada, apenas (ou prioritariamente), a operações com mercadorias.

Frise-se que a crítica aqui colocada não tem como objetivo a revogação da regra atual, mas o seu aprimoramento. Não se trata de abandonar a metodologia de "custo mais lucro" baseada em uma margem fixa, mas sim de criar mecanismos claros para determinar o que seria o custo efetivo em cada operação com mercadorias, bens e serviços, e de flexibilizar a utilização de margens alternativas, mantendo-se a margem fixa como uma opção do contribuinte (como sendo uma espécie de *safe harbour*).

Essa clara necessidade de aprimoramento do texto legal se mostra ainda mais evidente quando examinados os precedentes mais recentes do CARF, acerca da possibilidade de prova do "método mais benéfico" no curso de processos administrativos. De forma surpreendente, na contramão das medidas esperadas para fins de harmonização do modelo brasileiro com o modelo OCDE (e com o princípio *arm's length*), as decisões mais recentes determinam que a prova do método mais benéfico deve ser feita necessariamente antes do término de procedimentos de fiscalização, ficando o contribuinte impedido de fazer essa prova em defesa administrativa[125].

Até a edição da Lei nº 12.715/2012, a legislação era silente sobre o momento da prova do método mais benéfico ao contribuinte[126]. Dessa forma, até 2012, a legislação não restringia o momento da prova do método mais benéfico. Assim, ainda que o Fisco determinasse ajustes com base no método CAP (formalizando a exigência tributária através de auto de infração), a legislação não impedia o contribuinte de fazer a contraprova no curso do processo administrativo ou judicial (observadas as diretrizes da legislação processual aplicável, bem como o princípio da verdade material).

A legislação atualmente vigente restringe o momento de produção dessa prova. Estabelece que a opção irretratável do método em seus livros fiscais, antes do início do procedimento de fiscalização, concedendo prazo de 30 dias para contraprova do contribuinte no caso de arbitramento pelo Fisco (restringindo assim o prazo de comprovação do método mais benéfico, cuja aplicação deve prevalecer, nos termos do artigo 19, § 5º, da Lei nº 9.430/1996)[127].

Além da questão da prova do método mais benéfico que o CAP, observa-se que de sua aplicação resulta a mesma problemática e as mesmas distorções

[125] Aqui fazemos referência, a título exemplificativo, ao entendimento firmado pela CSRF no Acórdão nº 9101-003.357, de 18.1.2018.

[126] Recorde-se que a legislação de preços de transferência prestigia a aplicação do método mais benéfico ao contribuinte, conforme determinação expressa do artigo 19, §§ 5º e 6º, da Lei nº 9.430/1996.

[127] Tais disposições somente foram introduzidas ao ordenamento legal pela Medida Provisória (MP) 563/12, posteriormente convertida na Lei 12.715/12 (que incluiu o artigo 20-A à Lei 9.430/96), exclusivamente para fatos geradores posteriores a 2012.

pertinentes a todos os demais métodos de margens fixas. No caso do CAP, caso a sociedade seja incapaz de fazer prova de qualquer das cláusulas de *safe harbour* (e isso pode se dar por diversas questões econômicas e negociais), a legislação determina ajustes para as exportações que não considerarem uma margem mínima de lucro de 15%.

É evidente que, para diversos setores e produtos, essa pode não ser (e de fato não é) uma margem razoável. Nesses casos, a regra de preços de transferência distorce os parâmetros regulares de competitividade, aplicando a sociedades que exportam a partes vinculadas um tratamento tributário mais gravoso do que aquele que seria verificado em exportações a partes independentes. Isto é algo absurdo numa sistemática que visa, principalmente, equiparar os preços praticados entre partes vinculadas aos praticados entre partes independentes.

Ainda que seja razoável a elaboração de contraprova (por método mais benéfico) no curso de eventual litígio, o procedimento mais conservador seria um trabalho antecipado, através de estudos específicos, que possa determinar qual seria a margem de lucro mais adequada para determinado produto/setor (conforme autoriza o artigo 20 da Lei nº 9.430/1996 e regulamentam a Portaria nº 222/2008 e a IN nº 1.312/2012). Munidos desses estudos, os contribuintes poderiam embasar APAs que viabilizassem a utilização efetiva de margens alternativas, inclusive com base nos APAs previstos nos Tratados (conforme dispõe a IN nº 1.669/2016).

3.3.2.3.2.3. Métodos PVA e PVV

O método do preço de venda por atacado no país de destino, denominado PVA, encontra previsão no artigo 19, § 3º, II, da Lei nº 9.430/1996. É regulamentado pela IN nº 1.312/2012, em seu artigo 31 (que traz redação idêntica ao artigo 24 da IN 243/2002).

É definido como "a média aritmética ponderada dos preços de venda de bens, idênticos ou similares, praticados no mercado atacadista do país de destino, em condições de pagamento semelhantes, diminuídos dos tributos incluídos no preço, cobrados no referido país, e de margem de lucro de 15% (quinze por cento) sobre o preço de venda no atacado" (artigo 31, *caput*, da IN nº 1.312/2012).

O PVV dispõe de metodologia idêntica (conforme previsão do artigo 19, § 3º, III, da Lei nº 9.430/1996 e regulamentação do artigo 32 da IN nº 1.312/2012), com as diferenças de que o mercado a ser considerado é o varejista (e não o atacadista) e a margem fixa de lucro aplicável é de 30% (e não de 15%).

O PVA e o PVV, aplicáveis a exportações, são reflexos do PRL para importações. O reflexo, contudo, é apenas parcial, pois o PRL não faz distinção entre revendas realizadas no atacado e no varejo, diferentemente do que ocorre com os métodos PVA e PVV. Além disso, no caso dos métodos de exportações, a IN nº 1.312/2012, como visto, autoriza a aplicação do *safe harbour* da margem de divergência de 5% (flexibilizando a aplicação da margem fixa).

De modo genérico, a venda por atacado pressupõe a ideia de que o adquirente irá revender a mercadoria ou aplicá-la em processo industrial. A venda por varejo, por outro lado, denota a ideia de venda direta ao consumidor final.

O método PVA considera a operação de revenda do varejista para fins de determinação do seu preço parâmetro. A legislação permite que as comparações sejam a partir de operações:

(i) feitas pelo próprio importador estrangeiro (vinculado ao exportador brasileiro), que atue como atacadista (PVA)/varejista (PVV) (operação de comparação primária); ou
(ii) por terceiro importador que importa os produtos e os comercializa por atacado (PVA)/varejo (PVV) no país de destino (operação de comparação secundária); ou ainda
(iii) por terceiro que adquire localmente (no exterior) as mercadorias e as comercializa por atacado (PVA)/varejo (PVV) (operação de comparação terciária).

Em se tratando de métodos que preconizam comparar um preço de exportação (do Brasil para o exterior) com um preço de revenda local (por atacado ou varejo, praticado internamente em país estrangeiro), é natural que o preço parâmetro do PVA/PVV seja apurado com base nas regras de equalização previstas pelo artigo 22 a 25 da IN nº 1.312/2012[128] (a exemplo do que foi abordado para o método PIC).

[128] Art. 22. Os valores dos bens, serviços ou direitos serão ajustados de forma a minimizar os efeitos provocados sobre os preços a serem comparados, por diferenças nas condições de negócio, de natureza física e de conteúdo.

§ 1º No caso de bens, serviços ou direitos idênticos, somente será permitida a efetivação de ajustes relacionados com: I – prazo para pagamento; II – quantidades negociadas; III – obrigação por garantia de funcionamento do bem ou da aplicabilidade do serviço ou direito; IV – obrigação pela promoção, junto ao público, do bem, serviço ou direito, por meio de propaganda e publicidade, observado o disposto nos §§ 7º e 8º do art. 9º; V – obrigação pelos custos de fiscalização de qualidade, do padrão dos serviços e das condições de higiene; VI – custos de intermediação nas operações de compra e venda praticadas pelas pessoas jurídicas não vinculadas, consideradas para efeito de comparação dos preços; VII – acondicionamento; VIII – frete e seguro; IX – riscos de crédito; e X – custos de desembarque no porto, de transporte interno, de armazenagem e de desembaraço aduaneiro incluídos os impostos e taxas de importação, todos no mercado de destino do bem.
§ 2º As diferenças nos prazos de pagamento serão ajustadas pelo valor dos juros correspondentes ao intervalo entre os prazos concedidos para o pagamento das obrigações sob análise, com base na taxa praticada pela própria pessoa jurídica, quando comprovada a sua aplicação de forma consistente para todas as vendas a prazo.
§ 3º Na hipótese prevista no § 2º, não sendo comprovada a aplicação consistente de uma taxa, o ajuste será efetuado com base nas taxas previstas no art. 38-A.
§ 4º Os ajustes em função de diferenças de quantidades negociadas serão efetuados com base em documento da emissão da pessoa jurídica vendedora, que demonstre praticar preços menores quanto maiores as quantidades adquiridas por um mesmo comprador.
§ 5º Para efeito de ajuste decorrente das garantias a que se refere o inciso III do § 1º, o valor integrante do preço, a esse título, não poderá exceder o resultante da divisão do total dos gastos efetuados, no período de apuração anterior, pela quantidade de bens, serviços ou direitos em uso, no mercado nacional, durante o mesmo período.
§ 6º Na hipótese prevista no § 5º, se o bem, serviço ou direito ainda não houver sido vendido no Brasil, será admitido o custo, em moeda nacional, correspondente à mesma garantia, praticado em outro país.
§ 7º Nos ajustes em virtude do disposto nos incisos IV e V do § 1º, o preço do bem, serviço ou direito vendido a uma pessoa jurídica que suporte o ônus dos referidos dispêndios, para ser comparado com o de outra que não suporte o mesmo ônus, será escoimado do montante dispendido, por unidade do produto, relativamente a referido dispêndio.
§ 8º Aplica-se a norma do § 7º relativamente aos encargos de intermediação, incidentes na venda do bem, serviço ou direito.
§ 9º Os preços dos bens, serviços e direitos serão, também, ajustados em função de diferenças de custo dos materiais utilizados no acondicionamento de cada um e do frete e seguro incidente em cada caso.
§ 10. Para efeito do disposto no inciso IX do § 1º, os ajustes por riscos de crédito serão:
I – admitidos exclusivamente em relação às operações praticadas entre comprador e vendedor domiciliados no Brasil; e
II – efetuados com base no percentual resultante da comparação dos totais de perdas e de créditos relativos ao ano-calendário anterior.

A legislação determina ainda que, do valor médio ponderado da venda no exterior (no país de destino), devem ser subtraídos os tributos incidentes e cobrados na operação de revenda; isto é, os similares ao ICMS, IPI, PIS e COFINS (e ISS, no caso de serviços).

A partir dessas premissas, as fórmulas dos métodos PVA e PVV podem ser assim indicadas:

Fórmula PVA/PVV
PP = (1-ML)*(CMP + T)
Variáveis
PP = Preço parâmetro
ML = Margem de lucro de 15% (PVA)/30% (PVV)
CMP = Custo médio ponderado de venda no mercado atacadista(PVA)/varejista(PVV) do país de destino
T = Tributos incidentes sobre a operação no país de destino

Embora a fórmula seja simples, a aplicação prática do PVA e do PVV não é tarefa fácil, pois pressupõe a obtenção de informações detalhadas e documentação dos preços praticados no exterior, além de exigir a equalização desses preços conforme os critérios dos artigos 22 a 25 da IN nº 1.312/2012.

Dentre os métodos de margens fixas aplicáveis à exportação, em tese o CAP é de mais fácil aplicação (por considerar o custo da empresa exportadora

Art. 23. O preço médio praticado na exportação e o preço parâmetro serão obtidos pela multiplicação dos preços pelas quantidades relativas a cada operação, os resultados apurados serão somados e divididos pela quantidade total, determinando-se, assim, o preço médio ponderado.
Art. 24. No caso de bens, serviços ou direitos similares, além dos ajustes previstos no art. 23, os preços serão ajustados em função das diferenças de natureza física e de conteúdo, considerando, para tanto, os custos relativos à produção do bem, à execução do serviço ou à constituição do direito, exclusivamente nas partes que corresponderem às diferenças entre os modelos objeto da comparação.
Art. 25. Não sendo possível identificar operações de venda no mesmo período a que se referirem os preços sob investigação, a comparação poderá ser feita com preços praticados em operações efetuadas em períodos anteriores ou posteriores, desde que ajustados por eventuais variações nas taxas de câmbio da moeda de referência, ocorridas entre a data de uma e de outra operação.

brasileira) que os métodos PVA e PVV (pois partem dos preços praticados em vendas por atacado e varejo no exterior).

Concordamos com Roberto Quiroga Mosquera[129], ao observar que a legislação impõe preços de comparação que requerem verdadeira pesquisa de mercado e análises econômicas internacionais que, se não tornam impossível o próprio trabalho fiscalizatório, acarretam para o contribuinte um trabalho operacional absurdo e árduo.

É por isso que, na maior parte das autuações de preços de transferência em exportações, o método eleito pelo fisco é o CAP. A situação é reversa da verificada nas operações de importação, em que os ajustes são geralmente feitos com base no PRL.

A exemplo do CAP, a utilização de margem fixa de 15%/30% (flexível em 5%, pelo safe harbour da margem de divergência) no PVA/PVV pode não ser (e na maior parte das vezes não é) condizente com a margem de lucro praticada no mercado atacadista/varejista do país de destino. Como resultado, a aplicação dos métodos pode (e tende a) resultar nas distorções e inconstitucionalidades apontadas ao longo deste trabalho, já que o preço parâmetro tende a se distanciar das condições normais de mercado.

Dada a precariedade da metodologia de margens fixas, e da realidade distinta dos mercados, é muito comum que a aplicação dos métodos PVA/PVV resultem em ajustes menores do que os verificados em relação ao CAP.

Ocorre que, pela dificuldade de se levantar a documentação necessária para comprovação do PVA/PVV em relação a todas as operações de exportação (justamente por demandar a obtenção de informações e documentos provenientes do exterior, que devem ser equalizados para fins de parametrização), muitas vezes os contribuintes só conseguem finalizar este trabalho no curso do contraditório (após o início da fiscalização, durante o curso do processo administrativo ou judicial).

Dada a dificuldade de levantamento de documentos e informações provenientes do exterior, bem como de sua equalização para fins de parametrização, as limitações impostas pela Lei nº 12.715/2012 ao momento de comprovação do método mais benéfico não se mostram razoáveis.

[129] MOSQUERA. Roberto Quiroga. O regime jurídico-tributário dos preços de transferência e a Lei nº 9.430/96. In "Tributos e preços de transferência". Coordenação Valdir de Oliveira Rocha. Editora Dialética. São Paulo, 1997. Pp. 96-97.

É importante lembrar: as regras de preços de transferência têm por objetivo evitar a transferência indevida de lucros tributáveis do Brasil para o exterior. Isso não significa criar mecanismos que dificultem ou restrinjam a comprovação da regularidade dos preços praticados entre partes vinculadas.

Em casos práticos, muitas vezes o levantamento da documentação completa para comprovação do método mais benéfico somente é concluído após a data de entrega da ECF. Consequentemente, se o contribuinte fez ajustes com base em método mais gravoso, vê-se obrigado a retificar seus livros e reabrir o prazo decadencial para fiscalização[130].

Há outros casos, no entanto, em que a fiscalização e a lavratura de auto de infração ocorrem antes da conclusão desse trabalho de levantamento. Embora a indisponibilidade de elementos para aplicação do método mais benéfico resulte em autuação baseada em método mais gravoso, a comprovação da inexistência de ajustes com base em método mais benéfico, a ser feita pelo contribuinte, deve ser admitida a qualquer tempo, no curso do contencioso administrativo ou judicial (observada a legislação processual de regência).

Em que pesem todos os debates sobre a prevalência do método mais benéfico e o momento oportuno para sua comprovação, certo é que os métodos de margens fixas, na maior parte das vezes, não refletem a realidade de mercado. Dessa forma, sua aplicação, genericamente, não se presta a equiparar o preço de transferência ao praticado em condições *arm's length*.

Por essa razão, parece-nos que tão importante quanto prestigiar a comprovação do método mais benéfico (de modo a evitar distorções decorrentes da aplicação do mais gravoso), seria a efetiva utilização de mecanismos práticos que permitam a utilização de margens alternativas. Apresentados os comentários acerca da legislação brasileira de preços de transferência e suas metodologias, passamos a examinar, em maior profundidade, a temática das margens alternativas, que constituem o ponto central do presente estudo.

[130] Por um critério de razoabilidade, entendemos que a reabertura do prazo decadencial valeria apenas para as informações retificadas. A retificação da ECF, no caso, serviria para refletir a adequação dos preços de transferência à realidade de mercado (adequação ao método mais benéfico). Não deveria ser interpretada como mecanismo que amplia a possibilidade de a fiscalização rever, por prazo superior ao previsto na legislação, a adequação da totalidade das informações prestadas pelo contribuinte à legislação tributária.

4.
Metodologias Para Alteração das Margens Fixas em Preços de Transferência

4.1. Notas introdutórias

As regras brasileiras de preços de transferência dispõem de mecanismos eficazes e práticos para evitar a transferência de resultados tributáveis do Brasil para o exterior. Isso se deve, em especial, à existência de métodos de margens fixas.

O elevado grau de praticabilidade da regra brasileira é louvável, pois, diferente do que se verifica em outros países, a utilização de um modelo apenas inspirado (mas não importado) na OCDE traz um ambiente de relativa certeza sobre os métodos e cálculos para obtenção dos preços parâmetro, o que facilita a atividade de fisco e contribuintes.

Essa praticabilidade decorre, em especial, da aplicação dos métodos CPL e PRL (em importações), CAP, PVA e PVV (em operações de exportações). Contudo, sua aplicação tem um lado negativo, já que tais métodos se baseiam em presunções que se distanciam das condições normais de mercado, ou do chamado princípio *arm's length.*

Se as regras de preços de transferência preconizam justamente equiparar os preços praticados por partes vinculadas àqueles que seriam praticados em condições *arm's length*, os métodos de margens fixas devem ser examinados com parcimônia, dado que sua aplicação, em muitos casos concretos, ocasiona violação a princípios e garantias fundamentais (como detalhados nos capítulos II e III deste estudo).

Dado que: (i) em muitos casos os métodos de comparação efetiva com transações independentes (PIC e PECEX) se mostram de inviável aplicação; e (ii) os métodos de margens fixas (CPL, PRL, CAP, PVA e PVV) são baseados em presunções desvinculadas da realidade; o legislador permitiu a utilização de margens alternativas, justamente para evitar questionamentos sobre a constitucionalidade da Lei nº 9.430/1996.

Nesse particular, a Lei nº 9.430/1996 (artigo 20) determina que o Ministro da Fazenda, em "circunstâncias justificadas"[131], poderá alterar os percentuais dos métodos de margens fixas, de ofício ou mediante requerimento do contribuinte (individualmente, ou através de pleito formulado por entidade representante de classe ou setor econômico). Isto é, sempre que verificado que a margem fixa não é adequada para determinado setor econômico, poderá ser aplicada a margem alternativa, após o deferimento de pleito especificamente formalizado para esse fim.

A despeito de a previsão para utilização de margens alternativas existir na Lei nº 9.430/1996 desde a sua edição, observa Demétrio Gomes Barbosa[132] que as autoridades tributárias têm se mantido imóveis quanto à possibilidade de alteração das margens fixas; e os contribuintes brasileiros têm se mostrado tímidos e receosos em utilizar-se desse expediente. Há causas aparentes para tal constatação, dentre elas:

(i) a inexistência de um roteiro claro e prático (na legislação e nas normas regulamentares);
(ii) a experiência negativa em tentativas isoladas, dado o entendimento restritivo sobre a documentação exigida pelas normas que regulamentam a matéria (se observada a literalidade, o levantamento se mostra inviável sob a perspectiva prática); e
(iii) a constante opção pelo contribuinte pelos métodos PRL 20 e PRL 60 da Lei nº 9.430/1996 (para os períodos anteriores à vigência da Lei nº 12.715/2012), que se mostrou prático e benéfico aos contribuintes (que, contudo, foram largamente autuados com base na IN

[131] Na redação original, a legislação fazia referência a "circunstâncias especiais". Já no projeto de lei original (não aprovado), sequer existia referência à possibilidade de utilização de margens alternativas.

[132] Barbosa. Demétrio Gomes. Preços de transferência no Brasil – Uma abordagem prática. Editora Fiscosoft. São Paulo, 2012. Pp. 44 e ss.

nº 243/2002, entre os anos de 2003 e 2012, resultando em vultuosas disputas, no âmbito do CARF e do Judiciário, como abordado em tópicos precedentes deste estudo).

No que diz respeito aos itens (i) e (ii) acima, a complexidade e o elevado índice de detalhamento do rol de documentos necessários para a utilização de margens alternativas, em uma primeira análise, permitiria afirmar que sua aplicação seria de fato inviável, já que exigida, por exemplo, a abertura detalhada de custos da sociedade exportadora no exterior (artigo 47 da IN nº 1.312/2012).

Além disso, por determinar que elementos de comparação com operações entre partes independentes sejam apresentadas no pedido (conforme artigo 6º, parágrafo único, da Portaria nº 222/2008), a opção pela margem alternativa seria concorrente com a aplicação do método PIC (e PVEX, no caso de exportações). Se aplicável o aludido método, seria desnecessário o pleito de qualquer margem alternativa[133].

Aqui vale uma importante observação: se a prova exigida for detalhada a ponto de inviabilizar a sua produção em casos práticos (*probatio diabolica*) e se seus requisitos forem coincidentes com os de um método de comparabilidade efetiva (PIC e PVEx, por exemplo), o artigo 20 da Lei nº 9.430/1996 poderá ser considerado como letra morta.

Neste cenário, os dispositivos que preveem a aplicação de margens fixas poderão ser considerados como inconstitucionais, já que sua aplicação somente poderá resultar em tributação de renda fictícia (i.e. tributação baseada em ajustes de preços de transferência com base em margens presumidas). Justamente por essa razão, Luis Eduardo Schoueri considera o aludido artigo 20 como "*o bastião da constitucionalidade da Lei nº 9.430/96*"[134].

A questão aqui é simples e clara: a margem fixa, se única alternativa viável, macula de inconstitucionalidade a regra brasileira de preços de transferência. Este vício somente pode ser sanado pela viabilidade da aplicação de margens alternativas. E essa viabilidade não pode ser meramente teórica, mas prática.

[133] As particularidades da metodologia de margens alternativas, na Lei nº 9.430/1996, Portarias e Instruções Normativas sobre a matéria, serão abordadas detalhadamente adiante. Sua análise permitirá identificar claramente as disposições que resultam nas afirmações destes itens (i) e (ii).

[134] Op. Cit. 5. P. 147.

Não se trata de coibir a metodologia de margens fixas, mas de preconizar, como via efetiva, a metodologia de margens alternativas. Aos contribuintes que optarem pela margem fixa, o legislador deve garantir a sua aplicabilidade (como espécie de *safe harbour*), ao mesmo passo que deve permitir aplicabilidade de margens alternativas, quando satisfatoriamente comprovadas pelos contribuintes.

No que diz respeito ao item (iii) acima, ainda que a Lei nº 12.715/2012 tenha abolido o PRL 60 e criado margens supostamente mais adequadas para sociedades de diversos setores, a previsão genérica da margem de 20% "*para demais setores*" certamente não é adequada para empresas de diversos segmentos. O mesmo pode ser dito para as margens fixas de 40% e 30%.

A economia brasileira é dinâmica e a tendência é que nenhuma margem fixa se preste a representar a realidade de qualquer setor econômico (principalmente num período de praticamente duas décadas, já que as regras de preços de transferência são datadas, originalmente, de 1996).

E considerando ainda que, em muitas situações práticas, os métodos *arm's length* (PIC e PVEx) não podem ser aplicados pela inexistência de operações independentes passíveis de comparação, deveria ser natural que os contribuintes buscassem a utilização de margens alternativas, através de pleitos específicos perante as autoridades competentes, via APAs.

Certamente há dificuldades que devem ser superadas para esse fim, principalmente o preconceito e o receio de que o fisco possa, sem o devido embasamento, adotar uma posição negativa quanto ao aceite de uma margem alternativa (mais benéfica ao contribuinte)[135].

Contudo, a partir da interpretação teleológica do texto legal, segundo a qual o conjunto de documentos exigido pelas normas infralegais (i.e. Portarias e Instruções Normativas editadas pelo Ministério da Fazenda e pela Receita Federal do Brasil) seria meramente exemplificativo (e não restritivo, a ponto de inviabilizar a aplicação prática de margens alternativas), é que a matéria deve ser examinada.

[135] Ilustra o entendimento restritivo das autoridades fiscais o Acórdão nº 16-21.586, de 21.5.2009 (DRJ/SP – 4ª Turma): "(...) somente atendendo ao que determina os artigos 32 a 34 da IN SRF 243/02 é possível adotar outras margens de lucro previstas na legislação."

4.2. Margens alternativas na legislação brasileira – Os APAs e demais mecanismos para sua aplicação

A Lei nº 9.430/1996 traz as diretrizes para a aplicação dos chamados APAs (*advanced price agreements*), em sua modalidade unilateral (envolvendo apenas o Fisco brasileiro). O texto da lei, no entanto, não traz qualquer disposição específica acerca dos chamados MAPs (*mutual agreement procedures* – ou APAs bilateriais ou multilateriais, que pressupõem o envolvimento de dois ou mais Fiscos de diferentes jurisdições), cujas bases e procedimentos decorrem exclusivamente do modelo OCDE e dos Tratados.

Embora os Tratados firmados pelo Brasil tenham excluído o parágrafo 2º de seu artigo 9º (de modo que sua legislação tenha seguido, apenas parcialmente, a redação do modelo OCDE), tal exclusão não inviabiliza, sob a perspectiva jurídica, a realização de APAs unilaterais (modelo brasileiro), MAPs ou APAs bilaterais ou multilaterais (do modelo OCDE). Tanto assim que a própria Receita Federal do Brasil, através da IN nº 1.669/2016, estabeleceu a possibilidade de contribuintes brasileiros, no âmbito dos Tratados, pleitearem APAs para a solução de questões envolvendo dupla tributação (o que, naturalmente, pode-se dar pelo pleito de margens alternativas).

A restrição dos Tratados brasileiros, com a supressão do aludido parágrafo 2º, diz respeito apenas aos chamados *corresponding adjustments* (mecanismos de ajustes mútuos, após constatação efetiva de bitributação em decorrência da aplicação das regras de preços de transferências). A restrição do modelo brasileiro, todavia, não se confunde com uma restrição ao pleito de margens alternativas em preços de transferência.

Segundo João Dácio Rolim[136], o artigo 20 da Lei nº 9.430/1996 traz ao ordenamento legal brasileiro as bases para a celebração dos chamados acordos antecipados de preços (ou *advanced price agreements* – APA),

[136] ROLIM. João Dácio. As presunções da Lei 9.430/96 e os casos especiais de preços de transferência. In "Tributos e preços de transferência". Coordenação Valdir de Oliveira Rocha. Editora Dialética. São Paulo, 1997. Pp. 50-51. Nas palavras do ilustre Professor: "No caso brasileiro, mesmo que não se possua um Tratado para evitar a dupla tributação com determinado país, pelo fato da legislação doméstica (Lei 9.430/96) em seu art. 20, 'caput', e 21, § 2º, prever que outras margens de lucro diferentes das presumidas poderão ser adotadas em casos especiais, e por não fazer restrição que seriam aplicáveis tais dispositivos somente a casos passados, em que houve um questionamento por parte do fisco, acordos antecipados de preços poderão ser intentados por iniciativa do próprio contribuinte."

importados do modelo OCDE. Até a edição da IN nº 1.669/2016, não havia definição legal de APA na legislação brasileira. As *guidelines* da OCDE, por seu turno, há muito definem APA como:

> "Um arranjo ou acordo que determina, previamente a operações sujeitas a controle de preços de transferência, a indicação de critérios apropriados (i.e. métodos, ajustes comparáveis e apropriados para esse fim e premissas críticas para eventos futuros) para a determinação dos preços de transferência por um período determinado. Um APA é formalmente iniciado por um contribuinte e requer negociações entre uma ou mais empresas associadas, e uma ou mais autoridades fiscais. Pretende-se com os APAs substituir os mecanismos tradicionais na esfera administrativa, judicial e de Tratados para solução de casos de preços de transferência"[137].

Como abordado na própria definição das *guidelines* da OCDE, o APA pressupõe um acordo antecipado de preços a ser firmado entre o contribuinte brasileiro (isoladamente, ou em conjunto, com pleito de representante de entidade de classe) e o fisco brasileiro; ou mesmo entre contribuintes e fiscos de diferentes países, nos chamados procedimentos amigáveis mútuos (ou *mutual agreement procedures* – MAPs).

Até novembro de 2016, a previsão para utilização de margens alternativas, no ordenamento brasileiro, não pressupunha um procedimento amigável de troca de informações entre contribuintes e autoridades fiscais de diferentes jurisdições. Pelo contrário, fazia referência apenas a um procedimento formal pelo qual o contribuinte poderia pleitear a alteração de uma margem fixa presumida, para outra mais adequada à sua realidade econômica.

[137] Tradução livre do original: "*17.(i) Definition and concept of advanced pricing arrangements. (...) As advance pricing agreement ("APA") is an arrangement that determines, in advance of controlled transactions, an appropriate set of criteria (e.g. method, comparables and appropriate adjustments thereto, critical assumptions as to future events) for the determination of the transfer pricing for those transactions over a fixed period of time. An APA is formally initiated by a taxpayer and requires negotiations between the taxpayer, one or more associated enterprises, and one or more tax ministrations. APAs are intended to supplement the traditional administrative, judicial and treaty mechanisms for resolving transfer pricing issues*". (APA Discussion in the OECD Final Transfer Guidelines, excerpted from Transfer Pricing Guidelines for Multinational Enterprises and Tax Administrations, 1995 by the OECD; Issued 7/27/96). Citação extraída do artigo de João Dácio Rolim: Op. Cit. 131. P. 50.

A Lei nº 9.430/1996 estabelecia a regra geral (possibilidade de requerimento, como ainda estabelece) e as normas secundárias (até 2016, a Portaria nº 222/2008 e a IN nº 1.312/12) traziam os critérios específicos que norteiam o pedido formal de alteração de margem a ser apresentado pelo contribuinte, bem como os trâmites processuais para sua apreciação e aplicabilidade. Até o final de 2016, inexistia previsão para aplicação dos APAs/MAPs do modelo OCDE, embora sua utilização pudesse ser genericamente fundamentada nos Tratados (especificamente em seu artigo 25)[138].

Como já abordado no item 2.3 deste estudo, a aplicação dos Tratados, em matéria de preços de transferência, deve observar as diretrizes do artigo 9º (Empresas Associadas), que reproduz, de forma proposital, apenas parcialmente o texto da Convenção Modelo da OCDE, suprimindo o § 2º que disciplina os ajustes correspondentes (*corresponding adjustments*). Todavia, jamais existiu qualquer restrição relacionada à possibilidade de utilização de margens alternativas em preços de transferência.

Os procedimentos amigáveis (APAs/MAPs), na forma dos Tratados (e modelo OCDE), visam aproximar em negociações contribuintes e fiscos de diferentes países, para mutuamente estabelecerem medidas que coíbam a bitributação. Daí se conclui que, tanto no modelo brasileiro, quanto no modelo OCDE, a busca pelas margens alternativas é viável, ao menos sob a perspectiva teórica e jurídica, com base nos Tratados.

[138] Artigo 25. Procedimento Amigável:

1. Quando uma pessoa considerar que as ações de um ou ambos os Estados Contratantes resultam, ou poderão resultar, em relação a si, em uma tributação em desacordo com as disposições do presente Acordo, poderá, independentemente dos recursos previstos no direito interno desses Estados, submeter seu caso à apreciação da autoridade competente do Estado Contratante de que for residente ou, se seu caso estiver amparado pelo parágrafo 1 do Artigo 24 deste Acordo, àquela do Estado Contratante de que for nacional. O caso deverá ser submetido dentro do prazo previsto no direito interno dos Estados Contratantes.
2. A autoridade competente, se a reclamação se lhe afigurar justificada e se ela própria não estiver em condições de lhe dar solução satisfatória, envidará esforços para resolver a questão, mediante acordo mútuo, com a autoridade competente do outro Estado Contratante, a fim de evitar uma tributação não-conforme com o Acordo.
3. As autoridades competentes dos Estados Contratantes envidarão esforços para resolver, mediante acordo mútuo, quaisquer dificuldades ou dúvidas quanto à interpretação ou à aplicação do Acordo.
4. As autoridades competentes dos Estados Contratantes poderão comunicar-se diretamente a fim de chegarem a um acordo no sentido dos parágrafos anteriores.

Com efeito, por força do artigo 98 do CTN, os Tratados se sobrepõem à legislação brasileira naquilo que incompatíveis, viabilizando assim a aplicação jurídica de APAs/MAPs do modelo OCDE sob a perspectiva da estrita legalidade, para fins de viabilizar os pleitos de margens alternativas em preços de transferência. No caso de margens alternativas, sequer se cogita a incompatibilidade da legislação local às diretrizes dos Tratados, pois, como visto, o próprio texto da Lei nº 9.430/1996 sempre previu a possibilidade teórica de utilização de margens alternativas.

Portanto, nos casos em que a aplicação da legislação brasileira de preços de transferência possa resultar em efetiva bitributação (pois pode restringir a dedutibilidade do custo de importação que é integralmente tributado no país exportador), os Tratados firmados pelo Brasil, embora não permitam a realização de ajustes correspondentes (mecanismos práticos para compensação, crédito, redução ou devolução de tributos), podem permitir o pleito de margens alternativas.

Cabe aqui a abertura de parênteses para esclarecer que os Tratados brasileiros merecem críticas por restringirem a possibilidade de ajustes correspondentes. Certamente a dupla tributação em matéria de preços de transferência resulta em distorções graves e os Tratados deveriam viabilizar alternativas práticas para solucioná-las.

Ainda que passível de duras críticas, a opção brasileira encontra suas justificativas, novamente, na praticabilidade. Mais simples do que viabilizar o entendimento entre fiscos, através de morosa negociação que pode resultar em perda de arrecadação, a opção foi de criar um mecanismo legal eficiente sob a perspectiva arrecadatória brasileira, ainda que sua aplicação pudesse resultar em dupla tributação.

O mecanismo eleito pelo legislador brasileiro foi a metodologia de margens fixas que podem, em situações justificadas, ser substituídas por margens alternativas. O grande problema é a dificuldade prática em se implementar acordos entre Fisco e contribuintes. Apesar de a possibilidade de pleito de margens alternativas estar prevista na Lei nº 9.430/1996, ainda não temos conhecimento de pleitos de APAs/MAPs que tenham resultado favoráveis aos contribuintes.

Como observa Mauro Silva[139] em estudo específico sobre o tema, a excessiva duração dos APAs/MAPs, sem dúvida, constitui um dos princi-

[139] Op. Cit. 7. P. 106.

pais obstáculos para a sua utilização, já que pode demorar de 30 a 50 meses para ser concluído, além dos vultuosos custos para a sua efetivação. Isto para países que seguem (ou procuram seguir o modelo OCDE, à risca), como Japão e Estados Unidos.

No caso brasileiro, os obstáculos da morosidade e dos altos custos é agravado pela precariedade dos mecanismos jurídicos. Eis porque (lamentavelmente) são raros e infrutíferos os APAs/MAPs intentados por contribuintes brasileiros. Com efeito, apenas em novembro/2016 foi editada a IN nº 1.669/2016, para regulamentar, no âmbito da Receita Federal do Brasil, as diretrizes gerais para os APAs/MAPs do modelo internacional (previstas genericamente nos Tratados brasileiros). O que se espera é que a nova regulamentação incentive os contribuintes brasileiros a se utilizarem com mais frequência desse mecanismo.

Não obstante, em que pesem os aparentes esforços da própria Receita Federal do Brasil para regulamentar mecanismos de APAs/MAPs, que poderiam ser utilizados como base para pleitos de margens alternativas em preços de transferência, fato é que o modelo brasileiro, caracterizado pela praticabilidade e simplicidade, está sendo visto pela própria OCDE como um modelo a ser seguido (evidentemente com ressalvas, já que sua aplicação irrestrita resultaria em distanciamento do padrão *arm's length*).

Com efeito, observa-se que a tendência internacional aponta para uma valorização crescente do modelo brasileiro (que preconiza a aplicação de margens fixas e *safe harbours*), já que a experiência do modelo OCDE tem revelado problemas práticos relevantes[140]. É o que se verifica, por exemplo, quando se compara a legislação brasileira ao modelo internacional, frente aos planos de ação do BEPS.

O ideal a ser perseguido, frisamos, não é o de simples crítica ao modelo brasileiro com vistas à sua adequação ao modelo OCDE. Pelo contrário, defendemos um ideal que preconize a harmonização entre os modelos,

[140] É importante observar que a própria OCDE reconhece a resistência dos países em aplicar APAs/MAPs em hipóteses que inovam ou contrariam a legislação interna. A matéria de preços de transferência no Brasil, em especial, sempre foi aplicada e interpretada segundo o princípio da legalidade estrita, de forma que eventuais acordos que contrariem a legislação local tendem a ser rejeitados pelas autoridades fiscais brasileiras. É o que se depreende do chamado Manual de Procedimentos dos MAPs da OCDE (Manual on Effective Mutual Agreement Procedures – MEMAP. OECD, 2007. Item 3.2.3. P. 22): "*Some competent authorities have had a tendency not to discuss a case where an adjustment is based upon anti-avoidance provisions of their country's domestic laws*".

extraindo o que há de melhor em cada um. A praticabilidade do modelo brasileiro, embora louvável, não pode servir de justificativa para um distanciamento do padrão *arm's length*, que poderia ser atingido pela aplicação de margens alternativas.

4.3. Tendências globais e reflexos no Brasil: alinhamento da legislação brasileira com os planos de ação do BEPS e com o modelo OCDE

O BEPS (*base erosion and profit shifting*) tem por objetivo formular políticas e estratégias (planos de ação) para combater a transferência abusiva de capitais para paraísos fiscais e o aumento da evasão fiscal em escala global. Aborda de forma crítica a legislação nacional de países do G-20[141], no que permite a manipulação de lucros por planejamentos abusivos, dos quais resultam a redução de lucros e a tributação no território fiscal das entidades geradoras das atividades produtivas. Os planos de ação do BEPS são divididos por tópico (*action plans*). Os planos de ação de nºs 8 a 10 estão relacionados à temática de preços de transferência.

Nos *Comentários aos Planos de Ação do BEPS*, de fevereiro de 2015[142], embora se reconheça a necessidade de esforços para se aplicar as regras de preços de transferência em condições *arm's length*, são identificadas e examinadas,

[141] Criado em resposta às crises financeiras do final dos anos 90, o G-20 reflete mais adequadamente a diversidade de interesses das economias industrializadas e emergentes, possuindo assim maior representatividade e legitimidade. O Grupo conta com a participação de Chefes de Estado, Ministros de Finanças e Presidentes de Bancos Centrais de 19 países: África do Sul, Alemanha, Arábia Saudita, Argentina, Austrália, Brasil, Canadá, China, Coreia do Sul, Estados Unidos, França, Índia, Indonésia, Itália, Japão, México, Reino Unido, Rússia e Turquia. A União Europeia também faz parte do Grupo, representada pela presidência rotativa do Conselho da União Europeia e pelo Banco Central Europeu. Ainda, para garantir o trabalho simultâneo com instituições internacionais, o Diretor-Gerente do Fundo Monetário Internacional (FMI) e o Presidente do Banco Mundial também participam das reuniões. Desde o advento da última crise, o G-20 passou também a trabalhar em iniciativas diversas com outros organismos, países convidados e fóruns internacionais, como o BIS, FSB, OCDE, dentre outros. Ainda, a ocasião trouxe a separação da pauta do G-20 em duas trilhas: financeira, a cargo dos ministérios das finanças e bancos centrais dos países-membros; e de desenvolvimento, sob a responsabilidade dos ministérios de relações exteriores. Fonte: Banco Central do Brasil (http://www.bcb.gov.br/?G20).

[142] *Comments Received on Public Discussion Draft: BEPS Actions 8, 9 and 10 – Revisions to chapter I of the Transfer Pricing Guidelines (including risk, recharacterisation and special measures)*. Comentários do Professor Jim Stewart (School of Business of Dublin, Irlanda). OECD. Fevereiro de 2015. Pp. 506 e ss.

por especialistas de diferentes países, inúmeras situações práticas em que essa aplicação se mostra impossível ou inapropriada.

O estudo aponta para um evidente obstáculo em matéria de preços de transferência: o conflito de regras de diferentes jurisdições para a alocação mútua dos lucros (problemática prática na aplicação de APAs/MAPs do modelo OCDE, no que diz respeito aos *corresponding adjustments*. O estudo também reconhece que os planos de ação devem estar direcionados à aplicação de regras mais simplificadas[143].

Se por um lado a tendência das legislações de outros países foi criar mecanismos amplos e destinados a possibilitar a obtenção do *arm's length* de forma irrestrita, esse padrão resultou em falhas no controle de preços de transferência, já que não foram criados instrumentos aptos a garantir, de forma efetiva, que uma margem mínima de lucro permanecesse no país de origem. O BEPS reconhece essa limitação e os planos de ação em preços de transferência são direcionados, em linhas gerais, a saná-la.

Curiosamente, em alguns pontos, a legislação brasileira parece ter se antecipado aos problemas apontados pelos estudos relacionados ao BEPS. Desde sua edição, há sólidos mecanismos que impedem a utilização das regras de preços de transferência para planejamentos tributários abusivos. A metodologia de margens fixas atinge a essa finalidade de forma muito eficaz, como abordado nos tópicos precedentes deste estudo.

No *VI Congresso Brasileiro de Direito Tributário Internacional*, de agosto de 2015[144], o então Conselheiro do CARF Marcos Aurélio Valadão (que à

[143] "*(...) The OEDC position is that 'the practical difficulties of the arm's length principle ore outweighed by its theoretical soundness. The reality is that these practical difficulties arise from its theoretical weakness'. For these and other reasons the discussion draft (BEPS Actions 8,9 and 10: Discussion Draft, Part II) recognizes that special measures are needed to counter BEPS risks. (...) However a mandatory profit is likely to be more appropriate than reallocation to the immediate parent. Relying on a mandatory split may however be difficult to reach agreement on between differing tax jurisdictions requiring considerable inter-country dispute resolution. Hence, simpler rules relation to requirements for 'substantial activities' (...) may be more appropriate*". Op. Cit. 130. P. 507.

[144] Organizado e promovido pelo Instituto Brasileiro de Direito Tributário (IBDT), sob coordenação do Prof. Luis Eduardo Schoueri. Slides disponíveis em no site do Instituto Brasileiro de Direito Tributário (palestra proferida em 20.8.2015):
http://www.ibdt.org.br/material/arquivos/Biblioteca/SLIDES/Marcos%20Valad%C3%A3o.pdf

época compunha a bancada da CSRF, representando as autoridades fiscais) fez sua apresentação justamente observando que as ações do BEPS não surtiriam efeitos ou reflexos no que diz respeito à legislação brasileira de preços de transferência, pois:

(i) com relação a intangíveis (Plano de Ação 8 do BEPS), a legislação brasileira dá tratamento específico, mais gravoso e apartado daquele verificado nas regras brasileiras de preços de transferência, limitando a dedutibilidade a um percentual da receita de exploração do intangível (como abordado no item 3.1.2 deste estudo);
(ii) com relação a transferência de riscos e capital (Plano de Ação 9 do BEPS), a legislação brasileira prevê mecanismos de margens fixas para limitar a dedutibilidade de juros pagos a parte vinculada, bem como para o reconhecimento de margem mínima de lucro em empréstimos concedidos. Além disso, dispõe de legislação específica com critérios objetivos no que diz respeito às regras de subcapitalização (*thin capitalization rules*) (como abordado nos itens 3.3.1 e 3.2.3 deste estudo);
(iii) com relação a outras operações de alto risco (Plano de Ação 10 do BEPS), a legislação de preços de transferência prevê metodologia de margens fixas que coíbe planejamentos abusivos (exigindo uma margem mínima tributável no Brasil, em quaisquer operações de importação e exportação de bens, serviços ou direitos), além de determinar a aplicação de ajustes em casos de operação com interposta pessoa (como abordado no item 3.2.2 deste estudo) e criar métodos específicos e de aplicação obrigatória para operações com *commodities* (como abordado no item 3.3.2.1 deste estudo); e
(iv) finalmente, com relação ao reexame de documentação de preços de transferência (Plano de Ação 13 do BEPS), considera que seria desnecessária a inapropriada a sua aplicação no Brasil, já que sua finalidade seria o melhor controle e aplicação dos métodos TNMM (*transactional net margin mehtod*)[145] e PSM (*profit split*

[145] No TNMM, de forma genérica, compara-se a margem de lucro líquido obtido por uma empresa nas operações com parte vinculada (empresa associada), com margens de lucro líquido que a mesma empresa obtém em comparações comparáveis praticadas com partes independentes. O TNMM também é denominado como Método da Margem Líquida da Operação.

> *method*)[146], inexistentes no ordenamento legal brasileiro. Além disso, na hipótese de imprestabilidade ou de dificuldade da análise da documentação (o que dificultaria o controle de preços de transferência), a metodologia de margens fixas se prestaria justamente a corrigir a distorção e a garantir que uma margem mínima de lucro seja tributada no Brasil (transferindo para o contribuinte o ônus de apresentar eventual margem alternativa).

Nota-se que é um representante da Receita Federal do Brasil que reconhecia ser desnecessário tornar mais rígidas as regras brasileiras de preços de transferência, como sugerem os planos de ação do BEPS para os demais países que seguem o modelo OCDE. Logo, em um cenário em que as legislações internacionais tendem a migrar para um modelo de maior rigidez, o modelo brasileiro passa a servir de exemplo em matéria de preços de transferência, dado o elevado grau de praticabilidade e a eficiência em coibir os planejamentos tributários abusivos nesta seara.

Mais recentemente, em evento promovido conjuntamente pela Confederação Nacional da Indústria (CNI) e pela Receita Federal do Brasil, em março/2018[147], que contou com a participação do Secretário-Geral da OCDE (Ángel Gurría), do Ministro da Fazenda (Henrique Meirelles), do Secretário da Receita Federal do Brasil (Jorge Rachid) e do Presidente da CNI (Robson Braga de Andrade), além de diversos palestrantes renovados, o tema da convergência das regras brasileiras de preços de transferência ao padrão OCDE foi debatido em diversos painéis entre representantes dos contribuintes, do Fisco, além de doutrinadores renomados do Brasil e do Exterior (Professores Luís Eduardo Schoueri, Heleno Torres, Stef Van Weeghel, dentre outros).

[146] No PSM (ou Método do Fracionamento de Lucros), em linhas gerais, são identificados todos os lucros auferidos em operações entre partes vinculadas (empresas associadas), que são divididos entre elas com base em análise econômica que permita identificar a margem adequada para o segmento. Ou seja, qual seria a margem de lucro adequada para a operação, usual em uma relação entre partes independentes, dada a realidade do segmento econômico.

[147] http://www.portaldaindustria.com.br/cni/eventos/seminario-precos-de-transferencia-o-padrao-da-ocde-e-a-abordagem-brasileira/

Nesse evento, muito em linha com o que havia sido debatido anteriormente no Congresso da *International Fiscal Association* (IFA), sediado no Rio de Janeiro em agosto/2017[148], os palestrantes de forma geral teceram elogios à praticabilidade das regras brasileiras de preços de transferência, propiciada tanto pela metodologia de margens fixas, como pela previsão de *safe harbours* e de métodos específicos para o controle de operações com *commodities*.

Também no seminário da OCDE, o Prof. John Hughes (Diretor do Programa de Acordos Prévios sobre Preços de Transferência e Acordos Mútuos do *Internal Revenue Service* dos Estados Unidos) ponderou que, diferentemente do que se verifica no Brasil, nos Estados Unidos os contribuintes estão habituados a dialogar com o Fisco, existindo um programa sólido de estímulo à realização de APAs/MAPs em matéria de preços de transferência, tanto internamente, como para fins de viabilizar ajustes mútuos com outros países.

Trazendo o enfoque à realidade brasileira, os Professores Luís Eduardo Schoueri e Heleno Torres relembraram as limitações do modelo brasileiro, decorrentes da supressão do parágrafo 2º do artigo 9º dos Tratados brasileiros, mas destacaram o lado positivo de sua praticabilidade. Bem observaram os professores que, apesar do pleito do Brasil para ingresso na OCDE, o modelo brasileiro tem aspectos positivos que devem ser observados como premissas para melhora do modelo OCDE, muito embora a legislação brasileira deva ser aprimorada para se harmonizar com o padrão *arm's length*.

As bases para essa harmonização estão relacionadas tanto à ampliação dos mecanismos de safe harbour, como em instrumentos aptos a viabilizar, na prática, a aplicação de margens alternativas nos métodos brasileiros. Bem observou o Prof. Schoueri, na conclusão do seminário, que a metodologia de margens fixas não deveria ser suprimida, mas alçada a um patamar de opção a ser adotada pelos contribuintes (como sendo uma cláusula efetiva de *safe harbour*), podendo e devendo os contribuintes, na medida do possível, iniciar pleitos para utilização de margens alternativas, através de APAs/MAPs.

Ocorre, contudo, que o modelo brasileiro é precário e necessita de reformas para que essas medidas de harmonização sejam implementadas

[148] https://www.ifa.nl/congresses/ifa-2017-rio-de-janeiro

na prática. Não se pode examinar a praticabilidade do modelo brasileiro como um valor absoluto, que torna a legislação brasileira de preços de transferência imune a críticas. Pelo contrário, deve-se observar o outro lado da moeda, também relacionado a uma questão de viés prático: a necessidade de aprimoramento do modelo de margens fixas na legislação brasileira (necessidade de criação de instrumentos efetivos para utilização de margens alternativas).

4.4. O outro lado da moeda: a necessidade de aprimoramento do modelo de margens fixas na legislação brasileira

Diferente do que se verifica nas legislações que seguem o modelo OCDE, as distorções causadas pelas regras brasileiras decorrem de fatores estruturais e econômicos, como perda de investimento, perda de competitividade, majoração de preços ao consumidor, dentre outros causados pela constante aplicação da metodologia de margens fixas.

Sempre que a margem fixa for incompatível com a margem efetivamente praticada no mercado (em condições *arm's length*), a aplicação das regras de preços de transferência pode resultar em distorções sob o ponto de vista econômico.

Exemplificando: sob a perspectiva do PRL (que considera o preço parâmetro com base na subtração de uma margem bruta sobre o valor de revenda), se a margem fixa da legislação for inferior à margem bruta efetivamente praticada pelas sociedades importadoras, a tendência é que o contribuinte alavanque suas importações, majorando os respectivos custos, já que a aplicação da regra de preços de transferência tende a não ajustar a operação.

Por outro lado, se a margem fixa for superior à efetivamente praticada, a tendência é contrária, resultando no afastamento de investimentos e capital estrangeiro do país. Caso o segmento esteja sujeito à margem genérica de 20%, passa a ser interessante a instalação de toda a atividade industrial no Brasil e a importação exclusiva de insumos primários (sobre os quais é praticada a menor margem de lucro possível). Quanto maior a concentração da atividade produtiva no Brasil e menor a relevância dos insumos importados nesse processo produtivo, menores serão os ajustes de preços de transferência.

As mesmas considerações, sob a perspectiva inversa, podem ser ditas dos métodos de margens fixas aplicáveis às exportações, em especial no caso do método CAP (mais largamente utilizado nas operações de exportação, a exemplo do PRL no caso de importações).

Há diversas variáveis econômicas que podem pesar a favor ou contra a utilização das margens fixas. Contudo, sob a perspectiva jurídica, a utilização da margem fixa sem a flexibilidade de sua alteração resulta sempre em inconstitucionalidade da norma, como apontado ao longo deste estudo (por resultar na tributação de uma renda presumida). Portanto, independente do reflexo econômico, a aplicação dos métodos baseados em margens fixas deve sempre ser flexível a ponto de permitir a sua alteração, equiparando-as (ou, ao menos, aproximando-as) das margens reais de mercado.

Mesmo que sob a perspectiva econômica possam haver justificativas favoráveis e contrárias à aplicação frequente das margens fixas, o ponto sensível a ser superado é a questão jurídica: a constitucionalidade da regra de preços de transferência frente à inflexibilidade prática das margens fixas. Isto é, a efetiva aplicação a regra brasileira de preços de transferência, de modo a proteger as garantias fundamentais dos contribuintes brasileiros.

Se a regra brasileira evoluiu a ponto de conciliar praticabilidade e instrumentos rígidos de combate a planejamentos abusivos, o que falta é a criação de mecanismos práticos, aptos a efetivamente flexibilizar as margens fixas praticadas, conforme a realidade das sociedades sujeitas a controle de preços de transferência.

As antigas controvérsias e disputas serão em breve superadas (a exemplo das relacionadas à ilegalidade da IN nº 243/2002). Com efeito, existe um limite temporal para as disputas envolvendo a legalidade da IN nº 243/2002, já que a Lei nº 12.715/2012 passou a produzir efeitos a partir de 2013. Desde então, muitos dos contribuintes que antes haviam optado por litigar (ou passivamente aceitavam a imposição do PRL 60 da IN nº 243/2002), passaram a ter as seguintes opções:

(i) aceitar as margens fixas de 40%/30%/20% no "novo PRL";
(ii) buscar a aplicação de métodos alternativos (em especial o PIC, ou PCI para o caso específico de *commodities*);
(iii) questionar a aplicabilidade das margens do "novo PRL"; ou
(iv) pleitear margens alternativas com base em APAs/MAPs.

Não há dúvidas que a legislação brasileira evoluiu ao longo das décadas, estancando seus problemas mais graves. No entanto, é evidente que há setores para os quais a margem não seria razoável, gerando ajustes abusivos com base nas novas margens fixas atualmente previstas.

Em cenários de inviabilidade prática de utilização do PIC/PVEx (por inexistirem parâmetros de comparação entre partes independentes), o questionamento das margens fixas do PRL/CPL/CAP/PVA/PVV, pela via legal, ou pela via dos APAs/MAPs, pode vir a ser a próxima matéria a ser debatida pelos contribuintes em matéria de preços de transferência.

Isto por uma razão simples: para diversas situações concretas, a margem fixa da legislação inviabiliza a atividade do contribuinte no Brasil, ocasionando, de forma reflexa, a saída de capital estrangeiro do Brasil.

Nota-se a existência de um paradoxo: ao mesmo tempo que a legislação de preços de transferência objetiva evitar a saída de lucros tributáveis no Brasil para o exterior, a sua aplicação (na metodologia de margens fixas) afasta o capital estrangeiro (de cuja exploração resulta lucros tributáveis) do Brasil.

Para essas situações concretas e paradoxais, a aplicação da regra brasileira de preços de transferência, sem a flexibilidade prática para utilização de margens de lucros alternativas, evidencia, com clareza, pontos de inconstitucionalidade e abusividade que não foram solucionados pelo legislador brasileiro e pelas autoridades responsáveis pela regulamentação da Lei nº 9.430/1996, mesmo após reiteradas alterações do texto legal e das normas regulamentares.

4.5. Hipóteses em que o ajuste das margens fixas é abusivo: o exemplo claro do PRL

A abusividade das margens fixas era um problema claro desde antes da vigência da IN nº 243/2002, em especial no que diz respeito à aplicação do PRL. A IN em questão foi criada justamente com o propósito de corrigir uma regra que poderia beneficiar os contribuintes em situações hipotéticas, pois considerava o preço parâmetro com base no valor total de revenda, sem isolar o insumo sobre esse valor (conforme metodologia da IN nº 32/2001).

Em diversas hipóteses, especialmente quando o insumo tinha ínfima participação na formação do custo do produto final (exemplo do para brisa importado para produção nacional de um veículo), a aplicação do PRL 60 restaria inócua para os fins da legislação de preços de transferência, já que ineficiente para controlar a transferência de lucros do Brasil para o exterior em relação a tais importações (qualquer preço praticado, mesmo que abusivo, não estaria sujeito a ajustes).

Por essa razão, o PRL 60 da IN nº 32/2001 foi largamente utilizado, por encontrar previsão legal expressa e, na maior parte das vezes, ser o de mais simples aplicação para o controle de preços de transferência em importações.

A problemática de ausência de critério de proporcionalidade (que solucionaria a distorção no caso do para brisa), contudo, estava na própria Lei nº 9.430/1996, não na IN nº 32/2001, que simplesmente reproduzia as suas disposições. A solução do problema, dessa forma, deveria partir da alteração da lei, não bastando a alteração ou revogação da IN nº 32/2001.

No entanto, a Receita Federal do Brasil se antecipou ao legislador, editando a IN nº 243/2002 no intuito de corrigir a metodologia da Lei nº 9.430/96 (reproduzida pela IN nº 32/2001). Disso resultaram as tão relevantes disputas e controvérsias abordadas no tópico 3.3.2.2.3 deste estudo.

Longe de solucionar a problemática, a IN nº 243/2002 incorreu em diversas ilegalidades (dentre as quais, a criação do critério de proporcionalidade não existente no texto legal). E no que diz respeito especificamente em relação à margem, a sua aplicação resultou em uma verdadeira aberração, pois somente estariam dispensados de ajustes os contribuintes que praticassem uma margem bruta de lucro superior a 150%.

O cálculo da margem bruta mínima de 150%, para evitar ajustes tributáveis na sistemática da IN nº 243/2002, pode ser esquematizado no quadro abaixo, extraído da obra de Demétrio Gomes Barbosa[149]:

[149] BARBOSA, Demétrio Gomes. "Preços de Transferência no Brasil – *Compliance* & Perspectiva Econômica". Editora Aduaneiras. São Paulo, 2015. P. 74.

Variável	Fórmula	Valor
Custo de importação	A	100
Valor agregado no país	B	30
Custo de produção do bem acabado	C = A+B	130
Preço líquido de venda	D	325
Participação do produto importado no custo do produto acabado	E = A/C	77%
Participação do produto importado no preço líquido de venda	F = D*E	250
Margem de lucro de 60%	G = F*60%	150
Preço parâmetro PRL 60	H = F-G	100
Ajuste fiscal	I = H-A	0
Margem bruta		**150%**

Tardiamente (em 2012, apenas) o legislador reconheceu os problemas da ausência de critério de proporcionalidade na Lei nº 9.430/1996 e a impossibilidade de se exigir ajustes com base no PRL 60 da IN nº 243/2002, em vista da abusividade da margem fixa exigida.

Não foi por outra razão que a Lei nº 12.715/2012, ao dispor sobre o PRL, trouxe o critério de proporcionalidade para todas as hipóteses de sua aplicação, mas aplicando margens mais próximas do que seria a realidade de mercado (foram abolidos os antigos PRL 20 e PRL 60).

Nos termos dessa nova legislação (atualmente em vigor), prevalece o critério de proporcionalidade (os ajustes são baseados na participação do insumo no produto comercializado), mas a margem de 60% foi abolida, já que nenhum seguimento do mercado pratica margens sequer aproximadas de 150% para os insumos importados.

As novas margens do PRL, na metodologia atual, correspondem a (i) 40% para os setores de *farmoquímicos e farmacêuticos, produtos de fumo, equipamentos ópticos, fotográficos e cinematográficos, máquinas, aparelhos e equipamentos para uso odontomédico-hospitalar; extração de petróleo e gás natural; e produtos derivados do petróleo*; (ii) de 30% para os setores de *produtos químicos, vidros e de produtos do vidro, celulose, papel e produtos de papel e metalurgia*; e (iii) 20% *para os demais setores.*

Trazendo o exemplo numérico do PRL 60 da IN nº 243/2002 para a realidade da Lei nº 12.715/2012, observamos que as margens brutas mínimas para ajuste zero foram reduzidas de 150% para percentuais que variam de 25% (caso do "novo PRL 20" aplicado à puras revendas) a 69% (caso do "novo PRL 40" aplicado à importação de insumos destinados à produção local).

Para ilustração do exemplo, trazemos a tabela comparativa do PRL 20 e do PRL 60 da IN nº 243/2002, em relação aos "novos" PRL 20, PRL 30 e PRL 40 da Lei nº 12.715/2012, considerando atividades de produção e simples revenda[150]:

Método		**PRL: IN 243/02**		**PRL: Lei 12.715/12**			**PRL: Lei 12.715/12**		
Margem fixa (MF)		**20%**	**60%**	**20%**	**30%**	**40%**	**20%**	**30%**	**40%**
Atividade		**Revenda**	**Produção**	**Produção**			**Revenda**		
Custo de importação	A	125	125	125	125	125	125	125	125
Valor agregado no país	B	0	50	50	50	50	0	0	0
Custo de produção do bem acabado	C = A+B	125	175	175	175	175	125	125	125
Preço líquido de venda	D	160	440	224	252	296	156	180	208
Participação do produto importado no custo do produto acabado	E = A/C	100%	69%	57%	57%	57%	80%	80%	80%
Participação do produto importado no preço líquido de venda	F = D*E	160	302	128	144	169	125	144	166
Margem de lucro	G = F*(MF)%	40	181	26	43	68	25	43	67
Preço parâmetro PRL	H = F-G	120	121	102	101	101	100	101	100
Ajuste fiscal	I = H-A	0	0	0	0	0	0	0	0
Margem bruta		**28%**	**151%**	**28%**	**44%**	**69%**	**25%**	**44%**	**66%**

A tabela acima aponta a nítida evolução da Lei nº 12.715/2012 com relação à sistemática da IN nº 243/2002, no que diz respeito à questão das margens brutas mínimas exigidas para que não ocorram ajustes tributáveis, no âmbito de aplicação do método PRL.

[150] Dados da tabela extraídos da obra de Demétrio Gomes Barbosa: "Preços de Transferência no Brasil – *Compliance* & Perspectiva Econômica". Editora Aduaneiras. São Paulo, 2015. P. 89.

Essa evolução certamente decorre do intuito do legislador em reduzir os litígios sobre a aplicação do PRL (valendo apenas para períodos posteriores à edição da Lei nº 12.715/12, pois a nova metodologia resulta em majoração de tributação, em observância ao princípio da anterioridade). É certo que uma considerável parcela de contribuintes deve preferir optar pelos ajustes do novo PRL, do que ingressar em litígios contra o Fisco, o que altera o cenário em relação à época de vigência da IN nº 243/2002.

Todavia, a metodologia de margens fixas é imperfeita na essência e o "novo PRL", como bem apontado por Sérgio André Rocha (citado em observação do item 3.3.2.2.3 deste estudo), não se presta a atender a todos os setores econômicos[151].

Assim, na impossibilidade de utilização de outros métodos (o PIC, por inexistência de similares, ou o CPL, por impossibilidade de abertura de custos da sociedade estrangeira), restam a esses contribuintes duas opções: (i) aceitar o PRL com margens incoerentes com a margem de lucro praticada em suas operações regulares; ou (ii) buscar a aplicação de margens alternativas (através de disputas judiciais ou pleitos via APAs/MAPs).

Não são raros os casos de contribuintes que praticam margens brutas inferiores a 25%. Para fins de aplicação das regras de preços de transferência, em que o exame é feito "produto a produto", a questão ainda é mais delicada, pois são diversos os casos de importações em que a margem bruta praticada sobre o produto importado não atinge esse percentual.

É evidente que em determinados setores essa margem tende a ser maior (i.e. empresas que importam produtos acabados para revender no varejo). Além disso, as empresas que simplesmente importam para revenda costumam encontrar parâmetros para aplicação do PIC, já que as sociedades exportadoras comercializam produtos idênticos ou similares com terceiros, com maior frequência do que no caso de exportadoras de insumos destinados à produção.

Já para os contribuintes setores que atuam no comércio atacadista, operando a aquisição e revenda de grandes quantidades com baixa margem, a tendência é contrária. O mesmo se verifica em relação a produtos de alta tecnologia, que dependem da importação de insumos (sem similar) cuja participação na produção local acaba sendo muito considerável. Neste último caso, se aplicada a margem sobre o insumo isolado, considerando

[151] Op. Cit. 118.

o critério de proporcionalidade (existente no PRL da Lei nº 12.715/2012), a tendência de que ocorram ajustes é considerável. Para esses casos, em que existe apenas a possibilidade de aplicação do PRL (por impossibilidade prática do PIC e do CPL), a utilização da margem alternativa deve ser estimulada e viabilizada na prática.

Caso contrário, se os mecanismos de utilização da margem alternativa forem tão complexos a ponto de inviabilizar a sua aplicação, o resultado será a clara inconstitucionalidade da norma, já que o PRL (por essência) tende a causar tratamentos desiguais (não isonômicos) e ajustes abusivos, prejudicando contribuintes de determinados seguimentos (ainda que em menor escala do que a verificada anteriormente à edição da Lei nº 12.715/2012).

Embora tenhamos abordado em maior profundidade o PRL, por se tratar do método mais largamente utilizado, os mesmos comentários se aplicam para os demais métodos de margens fixas (CPL, CAP, PVA e PVV). No PRL ainda existe um agravante em comparação ao PVA e o PVV (aplicáveis às exportações), pois não existe distinção por vendas em atacado ou varejo (em que as margens praticadas são necessariamente distintas). O mesmo podemos dizer em relação ao controle de preços de transferência sobre juros, já que o *spread* fixo não traduz a realidade de mercado (como apontado no item 3.3.1 deste estudo).

Portanto, também para mitigar os efeitos dessa falha da legislação, deve ser prestigiada a aplicação de margens alternativas. Passamos a examinar a aplicabilidade prática das margens alternativas em preços de transferência.

4.6. Aplicação prática de margens alternativas em preços de transferência

4.6.1. A Lei nº 9.430/1996

A Lei nº 9.430/1996 não traz as diretrizes práticas para que os contribuintes celebrem APAs com as autoridades fiscais brasileiras, para fins de determinação de margens alternativas, em seus artigos 20 e 21.

É possível identificar na lei apenas a previsão genérica de que o Ministro da Fazenda poderá, em circunstâncias justificadas, alterar os percentuais dos métodos de margens fixas, de ofício ou mediante requerimento do contribuinte.

A lei determina ainda que o pleito de alteração de margem será admitido, desde que o contribuinte faça sua prova, através de:

(i) publicações ou relatórios oficiais do governo do país do comprador ou vendedor ou declaração da autoridade fiscal desse mesmo país, quando com ele o Brasil mantiver acordo para evitar a bitributação ou para intercâmbio de informações; e/ou
(ii) pesquisas efetuadas por empresa ou instituição de notório conhecimento técnico ou publicações técnicas, em que se especifiquem o setor, o período, as empresas pesquisadas e a margem encontrada, bem como identifiquem, por empresa, os dados coletados e trabalhados.

As publicações, pesquisas e relatórios oficiais somente serão admitidos como prova se realizados com observância de métodos de avaliação internacionalmente adotados e se referirem a período contemporâneo com o de apuração da base de cálculo do imposto de renda da empresa brasileira.

O texto legal, de forma genérica, estabelece quem pode adotar a iniciativa de alteração de margens fixas: tanto o Ministro da Fazenda (de ofício), quanto os contribuintes (via APA). Para as duas hipóteses, o legislador exige que a alteração seja devidamente justificada. Assim, eventual Portaria do Ministério da Fazenda, que altere os percentuais de margens fixas, deve, necessariamente, apontar as razões para a alteração e não simplesmente indicar os novos percentuais.

São normas infralegais (Portarias e Instruções Normativas) que trazem as diretrizes específicas sobre o pleito de margens alternativas e seus procedimentos práticos (ainda que de forma limitada e precária).

Passamos a examiná-las, sempre com o enfoque crítico baseado na seguinte premissa lógica: a restrição à utilização da margem alternativa impede a efetivação do princípio *arm's length* e coloca em xeque a constitucionalidade da regra brasileira de preços de transferência.

Assim, se qualquer norma infralegal (Portaria ou Instrução Normativa) restringir, ou tornar inviável (sob a perspectiva prática), a comprovação da margem alternativa, sua legalidade e constitucionalidade será questionável. Vale dizer, as previsões genéricas de margens alternativas não solucionam a problemática da legalidade e constitucionalidade dos normativos. Acaso impossibilitem a aplicação prática das normas, ou dificultem sobremaneira a sua obtenção (*probatio diabolica*), os normativos estarão eivados de vícios que devem, de pronto, ser abordados e sanados.

4.6.2. A regulamentação da matéria pela Receita Federal do Brasil – IN nº 1.312/2012 e Portaria nº 222/2008

As principais normas regulamentares, atualmente em vigor para alteração dos percentuais de margens fixas, são a IN nº 1.312/2012 (artigo 45) e a Portaria nº 222/2008[152]. Em caso de eventual conflito ou confusão na aplicação de seus dispositivos, entendemos que deve prevalecer o disposto na IN nº 1.312/2012, por se tratar de norma mais recente sobre o tema específico, desde que suas disposições estejam em consonância com o texto da Lei nº 9.430/1996 e princípios que norteiam a aplicação das regras de preços de transferência.

Por inexistirem precedentes relevantes de APAs no Brasil, a utilização do modelo internacional (modelo OCDE) não pode ser descartada para importação de práticas que não sejam incompatíveis com a legislação brasileira, especialmente considerando a edição da IN nº 1.669/2016, que dispõe sobre a realização dos procedimentos amigáveis (APAs/MAPs) no âmbito dos Tratados brasileiros.

Dessa forma, sempre que as regras brasileiras não forem suficientemente claras, ou mesmo quando forem omissas, será feita referência à orientação da OCDE para a aplicação prática de APAs, contida no chamado "Manual de Procedimentos dos MAPs da OCDE" ("*Manual on Effective Mutual Agreement Procedures – MEMAP*").

Observa-se que, pelo fato de a IN nº 1.669/2016 traçar apenas as diretrizes gerais para os APAs/MAPs do modelo internacional, de forma genérica e sem fazer qualquer referência às margens alternativas, o aludido normativo não se mostra como um guia prático para viabilizar as margens alternativas aplicáveis aos métodos CPL, PRL, CAP, PVA e PVV.

Não obstante, as diretrizes da IN nº 1.669/2016 não devem ser descartadas para esse fim; pelo contrário, eventual pleito de margens alternativas, em especial quando as operações forem feitas com países signatários de

[152] Anteriormente, a matéria encontrava regulamentação na IN nº 243/2002 (artigos 32 a 34), na IN nº 38/1997 e na Portaria nº 95/1997. Os princípios gerais foram mantidos pela IN nº 1.312/2012 e pela Portaria nº 222/2008. As novas regras, no entanto, possuem as seguintes características (não verificadas nas normas anteriores): (i) indicação dos procedimentos para o pedido de alteração de margem; (ii) indicação da documentação que deve ser apresentada para instrução do pleito, em relação a cada um dos métodos de margens fixas; e (iii) preferência por bases comparativas extraídas de operações praticadas entre partes independentes.

Tratados, os requerentes dos APAs/MAPs podem e devem fazer referência às diretrizes da IN nº 1.669/2016.

O problema a solucionar, na temática das margens alternativas, não nos parece ser a ausência de previsão legal para sua implementação (já que a IN nº 1.312/2012, a Portaria nº 222/2008 e a própria IN nº 1.669/2016 podem ser utilizadas para esse fim), mas a precariedade das diretrizes traçadas por essas normas secundárias para esse fim (em especial da IN nº 1.312/2012 e da Portaria nº 222/2008, que versam especificamente sobre a temática da margem alternativa). Vejamos.

4.6.3. Os sujeitos do pleito no APA brasileiro na IN nº 1.312/2012 e na Portaria nº 222/2008

A IN nº 1.312/2012 e a Portaria nº 222/2008 coincidem ao disporem que os pleitos de alteração de percentual devem ser efetuados em caráter geral, setorial ou específico, de ofício ou em atendimento a solicitação de entidade de classe representativa de setor da economia, em relação aos bens, serviços ou direitos objeto de operações por parte das pessoas jurídicas representadas, ou, ainda, em atendimento a solicitação da própria pessoa jurídica interessada. Dispõem, ainda, que o pleito deve ser dirigido à autoridade competente no Brasil.

Isto quer dizer que, na perspectiva da IN nº 1.312/2012 e da Portaria nº 222/2008, tanto uma empresa pode isoladamente efetuar o pleito (para uma situação específica), como um conjunto de empresas de determinado setor, de forma autônoma ou representadas por entidade de classe (para uma situação comum enfrentada por todas as sociedades de determinado setor)[153], devendo o pleito ser examinado necessariamente pelo Fisco brasileiro.

A aplicação das regras de preços de transferência tem alcance muito amplo, determinando potenciais ajustes em relação às mais diversas operações com bens, serviços e direitos, praticadas entre partes vinculadas.

[153] Nesse particular, cabe transcrição o artigo 19 da Portaria nº 222/2008:
"Art. 19. O pedido de alteração de percentual ou de margem poderá ser formulado por:
I – sujeito passivo de obrigação tributária principal ou acessória; ou
II – entidade representativa de categoria econômica ou profissional de âmbito nacional.
Parágrafo único. No caso de pessoa jurídica que possua mais de um estabelecimento, o pedido será formulado, em qualquer hipótese, pelo estabelecimento sede, devendo este comunicar o fato aos demais estabelecimentos.

A forma de realização do pedido e quem irá apresentá-lo (se um contribuinte isoladamente ou uma entidade representativa de classe) depende, essencialmente, da natureza da operação praticada pelo contribuinte, sujeita ao controla das regras brasileiras de preços de transferência.

Em uma situação hipotética, em que uma indústria brasileira atue com exclusividade em determinado segmento (vendendo produtos sem similar no mercado), importando insumos também em caráter de exclusividade (inviabilizando o PIC), sem que haja possibilidade de abertura de custos pela sociedade exportadora estrangeira (inviabilizando o CPL), o único método aplicável para o controle dos preços de transferência seria o PRL 20.

Como visto, para que não ocorram ajustes de preços de transferência com base no PRL 20, em relação à importações de insumos destinados à produção, é necessário que o importador pratique uma margem bruta de lucro superior a 28%, para que os custos de suas importações não sejam ajustados.

Dada a característica do mercado brasileiro, a margem bruta praticada nas operações de revenda local pode corresponder à média de 15%, sem perspectiva de alta num futuro próximo. É perfeitamente justificável, neste cenário, que a margem fixa do PRL seja alterada de 20% para um percentual inferior (de 15%, por exemplo), por um prazo determinado, renováveis, podendo haver revisão da margem durante a vigência do prazo e para a renovação (se a realidade de mercado assim permitir).

Neste caso específico, a própria realidade de mercado da importadora se mostra apta a justificar o ajuste da margem fixa do PRL. A prova a ser apresentada às autoridades fiscais, neste pleito específico, deve ser destinada a evidenciar a peculiaridade das operações do contribuinte específico, do mercado em que está inserido e das margens historicamente praticadas (sempre inferiores às verificadas no caso de aplicação das margens fixas). Outros documentos, aptos a demonstrar que as partes relacionadas observam regras de *compliance* que exigem a prática de preços de mercado, também podem (e devem) instruir esse pedido.

Não seria razoável, no caso, indeferir o pedido sob argumento de que não há outras empresas em situação similar, ou porque não há exportadores independentes, ou porque o contribuinte poderia ter utilizado outro método previsto pela legislação (PIC ou CPL). Considerando a peculiaridade da atividade do contribuinte, eventual exigência nesse sentido corresponderia a condicionar a margem alternativa à produção de uma prova impossível (*probatio diabolica*), o que não pode ser admitido, sob pena de inconstitucionalidade da regra brasileira de preços de transferência.

Dada a particularidade desse exemplo hipotético, o pleito de margem alternativa deve ser apresentado pelo contribuinte individualmente, com base em toda a documentação apta a demonstrar a realidade de seu mercado e a incompatibilidade da margem fixa. A documentação de suporte deve, ainda, sugerir qual a margem alternativa adequada, por qual período de tempo.

Situação diversa seria verificada, por exemplo, no caso de a sociedade importadora atuar na produção de televisores, em que há diversas empresas multinacionais competindo no mercado brasileiro. Neste caso, a questão ganha contornos de complexidade. Por conta de entraves concorrenciais, o cenário ideal pressupõe que os representantes de todas as empresas interessadas se reúnam e, coletivamente, apresentem um estudo amplo que justifique a impropriedade da margem fixa de 20% do PRL.

Diferente do primeiro caso (em que o estudo seria restrito e destinado a demonstrar que a margem de 20% seria indevida para uma operação específica de um único contribuinte), neste segundo exemplo todas as variáveis de mercado existentes devem ser consideradas (por exemplo, características das diferentes empresas do setor e a margem bruta por elas praticadas), para se determinar qual seria a margem mais adequada para o PRL daquele setor específico.

O ideal seria sempre identificar, com clareza, os pontos de distorção causados pela margem fixa, em relação à margem efetivamente praticada pelas empresas de determinado setor econômico. Se há uma grande diversidade de produtos (e considerando que a regra brasileira de preços de transferência é aplicada "produto a produto"), o ideal é que o pleito identifique as margens de mercado para cada produto isoladamente. Para esse fim, é recomendável a elaboração de estudos com critérios de rateio e alocação específicos. Também é importante a validação de todos os critérios e cálculos por empresa de auditoria independente.

É evidente que as empresas podem relutar em abrir seus dados, dadas as políticas de sigilo e questões concorrenciais, muito normais na prática empresarial internacional. Contudo, em situações em que a aplicação das regras de preços de transferência prejudicam as empresas de determinado setor de forma homogênea (e isso tende a ocorrer em bases cada vez mais frequentes, dado o cenário de crise econômica que o país atravessa), a adoção de medidas para viabilizar a utilização das margens alternativas tende a ser necessária para a sobrevivência dessas empresas no país (e para a permanência de capital gerador de receita tributável no Brasil).

Nestas situações mais complexas (em que diversos contribuintes são afetados pela aplicação de uma mesma regra), o ideal é que os pleitos sejam apresentados de forma coletiva[154], através da entidade representativa do setor que, como um todo, encontra-se prejudicado pela aplicação das margens fixas previstas pelas regras brasileiras de preços de transferência.

Em suma, a definição dos sujeitos do pleito de margens alternativas varia conforme a peculiaridade do caso concreto. A estratégia a ser adotada pela sociedade (ou pelo conjunto de sociedades), bem como o envolvimento de entidade representante de classe, deve ser definida conforme o impacto da margem fixa para o caso concreto. Se há diversos contribuintes em situação gravosa idêntica ou similar, o pedido coletivo tende a ser a melhor opção. Por outro lado, se a margem fixa causa distorções para um contribuinte que se encontra comprovadamente em situação peculiar, o pleito individual se mostra como a melhor alternativa.

É importante destacar, no entanto, que como o APA (nos moldes previstos pela IN nº 1.312/2012 e pela Portaria nº 222/2008) é destinado a retratar uma realidade de mercado e, além das questões jurídicas, há questões econômicas e políticas que norteiam a aplicação das regras de preços de transferência, a tendência é que os pleitos coletivos tenham maiores chances de êxito do que pleitos individuais, muito embora ambos sejam perfeitamente viáveis sob a perspectiva legal, desde que bem fundamentados e suportados por documentação que lhes dê respaldo técnico.

4.6.4. Os requisitos e condições do pleito no APA da IN nº 1.312/2012 e da Portaria nº 222/2008

O APA, individual ou coletivo, deve ser formulado por escrito, dirigido ao Ministro de Estado da Fazenda e entregue na unidade da RFB do domicílio fiscal da entidade ou pessoa jurídica interessada.

[154] Embora não existam restrições legais para a elaboração de pedidos individuais, com a mesma finalidade.

As tabelas abaixo identificam os requisitos básicos e as hipóteses que tornariam sem efeito os pedidos de alteração de margem fixa, em caso de sua eventual inobservância (artigos 19 e seguintes da Portaria nº 222/2008):

Requisitos básicos	Hipóteses que tornam sem efeito o pedido
(i) identificação da entidade ou pessoa jurídica interessada: **(i.a)** nome, endereço, telefone, endereço eletrônico (e-mail), número de inscrição no Cadastro Nacional da Pessoa Jurídica (CNPJ) e ramo de atividade; **(i.b)** identificação do representante legal ou procurador, acompanhada da respectiva procuração; **(ii)** ser acompanhado de declaração de que o sujeito passivo[155]: **(ii.a)** não se encontra sob procedimento fiscal iniciado ou já instaurado para apurar fatos que se relacionem ao período objeto do pedido; **(ii.b)** não está intimado a cumprir obrigação relativa ao fato objeto do pedido; e **(ii.c)** o fato nela exposto não foi objeto de decisão anterior; e **(iii)** circunscrever-se a margens obtidas em exercícios determinados, posteriores à data da interposição do pedido, com descrição detalhada do seu objeto e indicação das informações necessárias à elucidação da matéria.	**(i)** inobservância dos requisitos básicos; **(ii)** falta de especificação do percentual ou da margem pleiteada, bem como do método utilizado (é exigida a indicação de margens alternativas para algum dos métodos previstos na Lei nº 9.430/1996), de acordo com as determinações contidas na Portaria nº 222/2008; **(iii)** existência de procedimento fiscal, iniciado antes da apresentação do pleito, para apurar os fatos que se relacionem com o pedido formulado; **(iv)** apresentação do pleito por quem estiver intimado a cumprir obrigação relativa ao fato objeto do pedido; **(v)** apresentação de pleito sobre fato objeto de litígio, de que a interessada faça parte, pendente de decisão definitiva nas esferas administrativa ou judicial; ou **(vi)** apresentação de pleito que não descreve, completa e exatamente, a margem ou percentual a que se referir, ou não contiver os elementos necessários à sua solução, salvo se a inexatidão ou omissão for escusável, a critério da autoridade julgadora.

A Portaria nº 222/2008 é clara ao determinar que o pleito de alteração de margens somente poderia alcançar períodos posteriores aos da consulta

[155] No caso de pessoa jurídica que possua mais de um estabelecimento, as declarações devem ser prestadas pelo estabelecimento sede e abranger todos os estabelecimentos.

formulada, não surtindo efeitos caso o contribuinte esteja sob procedimento de fiscalização para os anos-calendário em relação aos quais se pretende utilizar a margem alternativa[156].

No que diz respeito aos períodos objeto do pleito de alteração de margem, a limitação temporal (que impede a retroatividade para períodos anteriores à consulta) não encontra previsão no texto da Lei nº 9.430/1996 e não parece razoável sob a perspectiva dos princípios que norteiam a aplicação das regras de preços de transferência.

A nosso ver, caso o estudo que fundamenta a alteração das margens seja amplo a ponto de trazer dados que comprovem a correção da margem alternativa para períodos pretéritos (não fiscalizados), a sua aplicação retroativa deve ser permitida, observados os prazos de decadência e prescrição. Disto resultaria maior transparência à aplicação das regras de preços de transferência, tornando os critérios para a aplicação de eventuais ajustes mais alinhados com o princípio *arm's length* (inserido no contexto dos princípios brasileiros, conforme exposto no capítulo 2 deste estudo).

Para o caso de aplicação retroativa, faz-se necessária a retificação das respectivas escriturações fiscais (ECFs)[157], antes de iniciado qualquer processo de fiscalização de preços de transferência. Considerando os prazos prescricionais previstos pela legislação brasileira, essa retificação poderia retroagir até 5 anos. O contribuinte deve observar, nesse caso, a reabertura do prazo decadencial para fiscalização acerca da escrituração fiscal retificadora, estritamente em relação às novas informações prestadas[158].

Embora as experiências práticas sejam escassas no Brasil, é certo que o levantamento de documentos, informações e estudos é tarefa árdua que consome muito tempo e recursos financeiros. Portanto, é fundamental que os contribuintes se antecipem no levantamento de dados para a comprovação da margem alternativa, para que o pleito possa ser submetido às autoridades fiscais em tempo hábil de ser examinado, deferido ou indeferido, antes do início de procedimento de fiscalização.

[156] Portaria nº 222/2008: artigo 1º, § 6, cc. artigo 19 e ss.

[157] Antigas Declarações de Informação Econômico-Fiscal da Pessoa Jurídica – DIPJ.

[158] A jurisprudência majoritária do CARF e do STJ se posiciona no sentido de que a reabertura do prazo decadencial vale somente para as novas informações contidas na DIPJ retificadora. Nesse sentido: (i) CARF, Acórdão nº. 104-22.736, Publicado em 20.2.2009; (ii) CSRF do CARF, Acórdão nº. 04/00.360, de 27.9.2006; e (iii) STJ, 2ª Turma, Recurso Especial nº. 671773/RJ, Ministra Relatora Eliana Calmon, Publicação em 16.5.2006.

Como visto, um dos requisitos básicos apontados pela Portaria nº 222/2008 é que o período objeto do pleito de alteração de margem não esteja sob fiscalização. Trata-se de outra inovação em relação ao texto da Lei nº 9.430/1996. A norma regulamentar tem certa coerência, já que não seria razoável que o contribuinte inicie um APA, durante o procedimento de fiscalização, com o intuito exclusivo de obstar a lavratura de um auto de infração.

Contudo, se demonstrada a boa-fé do contribuinte (que já estava levantando toda a documentação apta a embasar o APA antes do início da fiscalização), ou no caso de pleito coletivo, apresentado por entidade representativa de setor econômico (em que o contribuinte isoladamente não tem controle sobre a data de conclusão dos estudos e apresentação do APA), a questão ganha contornos de complexidade, pois é possível que alguma sociedade representada esteja sob procedimento de fiscalização.

Nesse caso, o pleito não deve perder seu objeto, principalmente no que diz respeito às demais sociedades postulantes. Caso reste comprovada a boa-fé do contribuinte, através de elementos aptos a demonstrar que os estudos e providências direcionados à elaboração do pleito tiveram início antes do procedimento de fiscalização, não seria razoável penalizá-lo indeferindo de plano seu APA.

A sociedade fiscalizada deve informar a existência do pleito à autoridade fiscal, ainda que dificilmente isso tenha alguma repercussão na condução do procedimento de fiscalização. Nesse caso hipotético, se o pleito for deferido no curso da fiscalização, seria razoável que a autoridade fiscal se limitasse a ajustar os preços de transferência com base nas margens alternativas (presumindo que sejam mais benéficas que as margens fixas da legislação).

Ainda neste exemplo hipotético, se a autoridade fiscal vir a autuar o contribuinte, será razoável que a margem alternativa possa ser utilizada para o cancelamento da exigência, no âmbito de eventual litígio administrativo ou judicial. Para tanto, em paralelo, é recomendável que o contribuinte busque ordem judicial que determine o aceite do APA (ou ao menos que determine uma justificativa, que não a mera existência de procedimento de fiscalização, para desconsideração do pleito e da margem alternativa).

Entendimento contrário penalizaria o contribuinte de boa-fé que, por uma questão aleatória, teve contra si iniciado procedimento de fiscalização. Este contribuinte não poderia receber tratamento mais gravoso que os demais que, na mesma situação, não foram fiscalizados.

A premissa desse entendimento decorre da aplicação conjunta de todos os princípios que norteiam a aplicação das regras brasileiras de preços de transferência, segundo os quais os ajustes não têm por finalidade penalizar o contribuinte, mas aproximar os preços praticados entre partes vinculadas àqueles que seriam praticados em condições normais de mercado (padrão *arm's length*).

Qualquer contribuinte representado por entidade representativa de setor, que tiver pleito de alteração de margem alternativa deferido, poderá, a qualquer tempo, pleitear a sua utilização para os períodos contemplados pela decisão (formalizados em Portaria do Ministério da Fazenda). Nestes casos, contribuintes sob fiscalização, ou que disputam contra o fisco autuações na esfera administrativa e judicial, poderão invocar os termos da Portaria para o cancelamento das exigências fiscais relacionadas aos anos-calendário nela contemplados.

Em suma, o pleito de margens alternativas deve observar critérios de razoabilidade e boa-fé. Em caso de deferimento, sua aplicação deve ser facilitada e permitida de forma ampla, de forma a conferir a aplicação do princípio *arm's length*.

Ainda que os contribuintes possam justificar a aplicação de margens alternativas decorrentes de pleitos apresentados após o início de procedimentos de fiscalização (em hipóteses pontuais, em que comprovadamente inexiste má-fé, como pontuado acima), o recomendável é sempre antecipar ao máximo o trabalho de levantamento de informações e documentos aptos a embasar o pleito de margem alternativa. Este pleito, em hipótese alguma, deve ser utilizado como mecanismo para retardar ou obstar o trabalho de fiscalização.

4.6.5. O pleito de margens alternativas: efeitos e natureza jurídica

A Lei nº 9.430/1996 não dispõe se o pleito de margens alternativas teria natureza de consulta formal (regulamentada pelo Decreto nº 70.235/1972 e pela própria Lei nº 9.430/1996). A Portaria nº 95/1997, originalmente, dispôs que o pleito teria essa natureza, devendo seguir as diretrizes do Decreto nº 70.235/1972.

Posteriormente, a Portaria nº 222/2008 (que revogou a Portaria nº 95/1997) detalhou os procedimentos e requisitos para o pleito de margens alternativas, determinando (em seu artigo 22) que não seriam aplicáveis as regras do processo de consulta previstas pelos artigos 48 a 50 da Lei nº 9.430/1996. Com esse dispositivo, aparentemente, o Ministro da Fazenda pretendeu que as disposições regulamentares do pleito se restringissem às expressamente indicadas na Portaria nº 222/2008.

Contudo, essa restrição não encontra nenhum suporte no ordenamento legal e resulta em violação ao contraditório, à ampla defesa e à segurança jurídica (dentre outras garantias fundamentais do contribuinte). Isto porque, dentre outras razões, a Portaria nº 222/2008 não traz qualquer dispositivo sobre a suspensão da exigibilidade dos tributos e penalidades (multa e juros).

Consequentemente, mesmo na pendência de análise de pleito para alteração de margem, a autoridade fiscal poderia iniciar procedimento de fiscalização e autuar o contribuinte, com a imposição de penalidades (multa e juros). Assim, a Portaria nº 222/2008 não dispõe de mecanismo apto a proteger o contribuinte que, de boa-fé, investe recursos no intuito de demonstrar sua conformidade com as regras brasileiras de preços de transferência, pela busca da margem alternativa.

Penalizar o contribuinte que se encontra nessa situação, com a imposição de multa, desdobra os parâmetros da razoabilidade. Não é por outra razão que a IN nº 1.312/2012, em clara divergência com o disposto na Portaria nº 222/2008 (e com o aparente intuito de corrigi-la), trouxe dispositivo expresso (em seu artigo 45, § 2º), segundo o qual: "*aos pedidos de alteração de percentuais, efetuados por setor econômico ou por pessoa jurídica, aplicam-se as normas relativas aos processos de consulta de que trata o Decreto nº 70.235, de 6 de março de 1972, – Processo Administrativo Fiscal (PAF)*".

Andou bem a IN nº 1.312/2012, pois o Decreto nº 70.235/1972 (que deve ser examinado conjuntamente com os artigos 48 a 50 da Lei nº 9.430/1996), resguarda os direitos do contribuinte e estabelece os limites de atuação das autoridades fiscais durante o procedimento de consulta.

Nos termos do Decreto nº 70.235/1972, o sujeito passivo poderá formular consulta sobre dispositivos da legislação tributária aplicáveis a fatos determinados. Atualmente, os processos de consulta estão regulamentados pela IN nº 1.396/2013 (conforme alterações posteriores, inclusive da IN nº 1.689/2017). Nos termos dessas normas, a consulta formal eficaz produz os seguintes efeitos principais:

(i) se formulada antes do prazo legal para recolhimento de tributo, impede a aplicação de multa de mora e de juros de mora (regra prevista também no artigo 161 do CTN), relativamente à matéria consultada, a partir da data de seu protocolo até o trigésimo dia seguinte à ciência da solução de consulta;

(ii) impede a instauração de procedimento fiscal contra o sujeito passivo consulente no tocante à matéria consultada a partir da apresentação da consulta até 30 dias após a ciência formal da solução da consulta; e

(iii) se dela resultar solução de consulta que implique em pagamento de tributo, este deverá ser efetuado no prazo de 30 dias, contados da data da ciência mencionada no item (i) acima (suspendem-se tanto o prazo decadencial para lançamento, quanto a exigibilidade do débito, enquanto não solucionada a consulta).

Em matéria de preços de transferência, a IN nº 1.689/2017 incluiu, ainda, a obrigatoriedade de o consulente informar, de forma expressa:

(i) identificação do controlador direto e do controlador final da pessoa jurídica que formulou a consulta, bem como seus países de domicílio, na hipótese de serem no exterior;

(ii) identificação dos países de residência de todas as partes relacionadas com as quais o contribuinte efetua transações objeto da consulta; e

(iii) identificação do país de residência da matriz e do estabelecimento permanente, na hipótese de estabelecimento permanente.

A IN nº 1.689/2017 também dispõe que será encaminhado às administrações tributárias dos países de domicílio das pessoas referidas acima, com os quais o Brasil tenha acordo para troca de informações, sumário da resposta à consulta que envolver a temática de preços de transferência.

A solução de consulta eficaz tem efeito vinculante. Esclareça-se que esse efeito vinculante vale apenas para as autoridades fiscais, como bem observa Valdir de Oliveira Rocha[159]. Se o contribuinte adotar procedimento diverso daquele exarado na solução de consulta, ou se não realizar o pagamento no prazo de 30 dias após a ciência da solução desfavorável, as autoridades fiscais devem exigir o respectivo débito através da lavratura de auto de infração, com imposição de multa de ofício e juros.

Em se tratando de efeito vinculante apenas para a autoridade fiscal, a eventual resposta desfavorável na consulta formal não impede a discussão

[159] ROCHA, Valdir de Oliveira. "A consulta fiscal". Editora Dialética. São Paulo, 1996. P. 92.

do crédito tributário na esfera administrativa ou judicial[160]. Tampouco impede que o contribuinte busque a reforma da decisão que indeferiu seu APA no Judiciário.

Em regra, a solução de consulta é decidida em instância única. Contudo, nas hipóteses em que houver *"diferença de conclusões entre soluções de consultas relativas a uma mesma matéria, fundada em idêntica norma jurídica"*, será cabível recurso (sem efeito suspensivo) para a COSIT. Esse recurso estará sujeito a exame de admissibilidade e, se admitido e após solucionado, ensejará solução de divergência para uniformização de entendimento.

Há, contudo, a possibilidade de as autoridades declararem o pedido de consulta como ineficaz caso entendam que a situação consultada se enquadra em alguma das hipóteses de ineficácia previstas no artigo 18 da IN nº 1.396/2013[161]. Nesta hipótese, a solução da consulta não produziria quaisquer efeitos.

[160] Esse entendimento (compartilhado por Valdir de Oliveira Rocha. Op. cit. 152) não é pacífico na doutrina. Em sentido contrário, Hugo de Brito Machado considera que, nas hipóteses em que a consulta formal versa sobre situação concreta do contribuinte, a resposta desfavorável vincularia o contribuinte aos seus efeitos. (In Mandado de segurança em matéria tributária. Editora Revista dos Tribunais. São Paulo, 1994. Pp. 278, 282 e 283).

[161] Art. 18. Não produz efeitos a consulta formulada:

I – com inobservância do disposto nos arts. 2º a 6º;

II – em tese, com referência a fato genérico, ou, ainda, que não identifique o dispositivo da legislação tributária e aduaneira sobre cuja aplicação haja dúvida;

III – por quem estiver intimado a cumprir obrigação relativa ao fato objeto da consulta;

IV – sobre fato objeto de litígio, de que o consulente faça parte, pendente de decisão definitiva nas esferas administrativa ou judicial;

V – por quem estiver sob procedimento fiscal, iniciado antes de sua apresentação, para apurar os fatos que se relacionem com a matéria consultada;

VI – quando o fato houver sido objeto de decisão anteriormente proferida em consulta ou litígio em que tenha sido parte o consulente, e cujo entendimento por parte da administração não tenha sido alterado por ato superveniente;

VII – quando o fato estiver disciplinado em ato normativo publicado na Imprensa Oficial antes de sua apresentação;

VIII – quando versar sobre constitucionalidade ou legalidade da legislação tributária e aduaneira;

IX – quando o fato estiver definido ou declarado em disposição literal de lei;

X – quando o fato estiver definido como crime ou contravenção penal;

XI – quando não descrever, completa e exatamente, a hipótese a que se referir, ou não contiver os elementos necessários à sua solução, salvo se a inexatidão ou omissão for escusável, a critério da autoridade competente;

Também no caso de o contribuinte discordar da declaração de ineficácia da consulta, será possível pleitear a sua reforma no Judiciário. No entanto, o efeito suspensivo existente no curso do processo de consulta somente permaneceria na discussão judicial se expressamente conferido pelo juízo (nos termos do artigo 151 do CTN).

4.6.6. O pleito de margens: procedimento específico do APA brasileiro conforme a Portaria nº 222/2008 e a IN nº 1.312/2012

Conforme dispõe a IN nº 1.312/2012 (em linha com o Decreto nº 70.235/1972 e com a própria Lei nº 9.430/1996), a COSIT fica incumbida da análise dos pleitos de alteração de percentual. Para cada caso a COSIT deve propor, ao Secretário da Receita Federal do Brasil, a solução a ser submetida à aprovação do Ministro de Estado da Fazenda.

A decisão, se denegatória, será exarada em despacho formalizado no próprio processo de solicitação. Se concessória, será formalizada por meio de Portaria do Ministro de Estado da Fazenda, publicada, em seu inteiro teor, no Diário Oficial da União.

Nas hipóteses de atendimento ao pleito, a COSIT deverá informar se concorda com o prazo de vigência das novas margens, sugerido pela entidade ou pessoa jurídica interessada. Caso contrário, a COSIT deve propor o prazo que julgar mais adequado. Por uma questão de razoabilidade, a indicação de prazos, deferimentos ou indeferimentos, devem ser justificados.

Caso as autoridades fiscais indefiram o pleito dos contribuintes (total ou parcialmente), devem ser contemplados os seguintes cenários:

(i) o contribuinte pode se conformar com o teor da solução de consulta, sujeitando suas operações, nos períodos contemplados pelo pleito indeferido, aos ajustes de preços de transferência com base em algum dos métodos previstos pela Lei nº 9.430/1996, com o respectivo recolhimento dos tributos (sem multa, se antes do prazo de 30 dias da ciência da decisão); ou

(ii) o contribuinte pode não acatar o teor da solução de consulta e, por considerar que a margem alternativa pleiteada é a correta, aguardar

XII – quando versar sobre procedimentos relativos a parcelamento de débitos administrados pela RFB;

XIII – sobre matéria estranha à legislação tributária e aduaneira; e

XIV – quando tiver por objetivo a prestação de assessoria jurídica ou contábil-fiscal pela RFB.

a lavratura de auto de infração para defender sua aplicabilidade em litígio administrativo e/ou judicial. Nesse caso, eventual autuação será acompanhada de multa de ofício e juros SELIC.

A experiência prática mostra que, no âmbito dos tribunais administrativos, o CARF e a CSRF têm negado a aplicação de margens alternativas, em hipóteses em que não há uma Portaria Ministerial autorizando a sua aplicação, nos termos dos artigos 20 e 21 da Lei nº 9.430/1996. Isso é de certa forma lógico, pois os julgadores na esfera administrativa estão adstritos às determinações da legislação brasileira, que apenas prevê que o Ministro da Fazenda, em situações justificadas, poderá alterar as margens fixas previstas em lei.

Para que os julgadores do CARF e da CSRF pudessem aplicar ou autorizar a aplicação da margem alternativa, seria necessária, a princípio, a existência de Portaria ministerial deferindo o pleito formulado pelo contribuinte (ou por entidade representativa de classe) no âmbito de um APA. Consequentemente, eventual disputa para revisão da decisão que indeferiu o pleito de alteração de margem, necessariamente, deve ser feita no âmbito judicial.

Neste caso, será possível requerer à autoridade judicial que expeça ordem que determine a aplicação da margem alternativa, sob alegação de que as justificativas apresentadas pela autoridade fiscal não se coadunam com os princípios que norteiam as regras brasileiras de preços de transferência.

Por evidente, o pedido a ser formulado em juízo deve estar tão bem fundamentado como o pleito apresentado às autoridades fiscais. E por se tratar de questão que envolve a produção de prova, é interessante que os contribuintes busquem a produção de perícia técnica, apta a comprovar a adequação da margem alternativa (para tanto, seria necessário ajuizar ação ordinária, já que o mandado de segurança admite apenas a prova pré-constituída).

Igualmente, é importante a produção de estudo econômico, apto a demonstrar que a margem alternativa é compatível com a realidade de mercado (e a incompatibilidade da margem fixa), bem como as consequências macroeconômicas do indeferimento (dentre outras, a saída de capital estrangeiro do País, diminuição reflexa da arrecadação tributária, etc.).

A discussão judicial, contudo, não restringe o direito do fisco de lavrar auto de infração. Caso o auto de infração seja lavrado no curso da medida judicial (para evitar a decadência) em que o contribuinte tenha obtido decisão que suspenda a exigibilidade do crédito tributário (nos termos do artigo 151 do CTN), não deve haver a imposição de multa, nos termos do artigo 63 da Lei nº 9.430/1996.

Tecnicamente, também seria possível para o contribuinte adotar alternativa distinta e antecipar o ajuizamento de uma ação declaratória (ou mandado de segurança) que lhe autorize a utilizar a margem alternativa. A exemplo da consulta prévia (APA), a medida judicial preventiva pode ser ajuizada pelo contribuinte individualmente, ou por entidade representativa de setor econômico.

Nesse caso, o contribuinte buscaria ordem judicial que condicionaria o Ministro da Fazenda a permitir a utilização de margem alternativa, adotando assim o caminho inverso verificado na propositura do APA.

Em qualquer das hipóteses (APA ou medida judicial antecipada), o deferimento do pleito estaria condicionado à capacidade de comprovação de que a margem alternativa seria a mais adequada para ajustar os preços de transferência do postulante, observada a realidade de mercado e o propósito das regras brasileiras de preços de transferência (inexistência de transferência indevida de lucros tributáveis do Brasil para o exterior).

A escolha por uma alternativa ou outra depende das características de cada caso concreto. Caso o contribuinte disponha de um estudo prévio perfeitamente apto a demonstrar a incompatibilidade da margem fixa, o APA se mostra como uma alternativa interessante, pois permite que a discussão administrativa seja esgotada antes do início da discussão judicial. Contudo, se o contribuinte tem justificada urgência, a medida judicial antecipada pode se mostrar o caminho mais adequado.

Alternativamente, os contribuintes poderiam intentar pleitos de margens alternativas baseados na IN nº 1.669/2016, que dispõe sobre o procedimento amigável no âmbito dos Tratados para evitar a dupla tributação da renda, dos quais o Brasil seja signatário, como será abordado em tópico específico deste estudo.

4.6.7. A comprovação da margem alternativa conforme a IN nº 1.3212/2012 e a Portaria nº 222/2008

Um dos pontos mais delicados a ser observado neste estudo diz respeito à comprovação da margem alternativa, isto é, ao conjunto de documentos que se faz necessário para demonstrar que a margem fixa do texto legal deve ser substituída, atendendo-se o pleito do contribuinte (isoladamente ou em conjunto, representado por entidade de classe).

A IN nº 1.312/2012 determina inicialmente que o pleito deve conter o prazo para vigência das margens sugeridas (artigo 47). Como abordado nos tópicos precedentes, essa limitação temporal (que impede a retroatividade para períodos anteriores à consulta) não encontra previsão no texto da Lei nº 9.430/1996 e não parece razoável, sob a perspectiva do princípio *arm's length*[162].

Além de identificar os períodos, o pleito deve ser instruído com uma série de documentos listados na IN nº 1.312/2012 (artigos 43 e 47):

Documentos Obrigatórios (artigo 47 da IN nº 1.312/2012)	**Outros Documentos (artigo 43 da IN nº 1.312/2012)**
(i) demonstrativo dos custos de produção dos bens, serviços ou direitos, emitidos pela pessoa jurídica fornecedora, domiciliada no exterior; (ii) demonstrativo do total anual das compras e vendas, por tipo de bem, serviço ou direito, objeto da solicitação; (iii) demonstrativo dos valores pagos a título de frete e seguros, relativamente aos bens, serviços ou direitos; (iv) demonstrativo da parcela do crédito presumido do IPI, como ressarcimento da Contribuição para o PIS/Pasep e da COFINS, correspondente aos bens objeto da solicitação[163].	(i) publicações ou relatórios oficiais do governo do país do comprador ou vendedor ou declaração da autoridade fiscal desse mesmo país, quando com ele o Brasil mantiver acordo para evitar a bitributação ou para intercâmbio de informações; (ii) pesquisas efetuadas por pessoa jurídica ou instituição de notório conhecimento técnico ou publicações técnicas, onde se especifique o setor, o período, as pessoas jurídicas pesquisadas e a margem encontrada, bem assim identifique, por pessoa jurídica, os dados coletados e trabalhados.

[162] Se antecipadamente ao procedimento de fiscalização, e de modo a confirmar que os preços praticados com base nas margens alternativas são mais adequados que os baseados em margens fixas, seria razoável a sua aplicação para períodos pretéritos, mediante alteração das respectivas ECFs.

[163] Para esse item em específico, a IN 1.312/2012 determina que fiquem à disposição do fisco (sem a necessidade de juntada no pleito): I – cópia dos documentos de compra dos bens, serviços ou direitos e dos demais documentos de pagamento dos impostos incidentes na importação e outros encargos computáveis como custo, relativos ao ano-calendário anterior; II – cópia dos documentos de pagamento dos impostos e taxas incidentes na exportação, cobrados no país

Se examinada isoladamente a relação de "documentos obrigatórios", a conclusão a que se chegaria é que a obtenção de margens alternativas seria uma tarefa impossível. Por essa razão, de modo a viabilizar o APA, é necessário examinar essa relação com os demais documentos, em especial as pesquisas e publicações técnicas, preparadas por pessoa jurídica ou instituição de notório conhecimento técnico.

Os documentos obrigatórios, em conjunto com as publicações e relatórios oficiais de governos estrangeiros, têm como finalidade identificar o custo dos bens, serviços e direitos, para que possa se identificar a margem praticada nas operações entre partes vinculadas (sujeitas a preços de transferência), para que seja conhecida a margem de lucro efetivamente praticada em tais operações.

Em que pese a importância desses documentos e dos dados extraídos a partir de sua análise, o pleito de margem alternativa deve produzir um nível de detalhamento mais amplo e aprofundado, de modo a identificar a margem de lucro praticada no mercado em que atuam as partes vinculadas, no que diz respeito às operações com os bens, serviços e direitos.

Pode-se dizer que, substituindo a margem praticada nas operações entre partes vinculadas, pela margem praticada no mercado, desde que feitos os ajustes que permitam essa efetiva comparação, obter-se-á um preço parâmetro mais apropriado para fins de controle de preços de transferência.

Para tanto, as margens fixas dos métodos CPL, PRL, CAP, PVA e PVV seriam simplesmente substituídas pelas margens alternativas obtidas, para controle de preços de transferência nas operações de importação e exportação de bens, serviços e direitos, para os produtos e períodos contemplados no pleito.

Um trabalho antecipado com a finalidade de obter a margem alternativa evitaria, para grande parte dos contribuintes que transacionam com partes vinculadas, uma série de ajustes indevidos (cujos efeitos danosos são evidentes, como apontado ao longo deste estudo) e de litígios com as autoridades fiscais.

exportador; III – cópia de documentos fiscais de venda emitidos no último ano-calendário, nas operações entre a pessoa jurídica vinculada, domiciliada no exterior, e as pessoas jurídicas atacadistas, não vinculadas, distribuidoras dos bens, serviços ou direitos, objeto da solicitação; IV – cópia de documentos fiscais de venda a consumidores, emitidos por pessoas jurídicas varejistas, localizadas nos países de destino dos bens, serviços ou direitos, com indicação do respectivo preço cobrado.

De modo mais detalhado que a IN nº 1.312/2012, a Portaria nº 222/2008 estabeleceu um rol de documentos para suporte de cada um dos métodos de margens fixas. Interessante observar que a Portaria nº 222/2008 trouxe ainda critérios para permitir ajustes em relação a bens, serviços e direitos idênticos ou similares, a exemplo do que fez a IN nº 1.312/2012 para o método PIC.

A possibilidade de ajustes para bens idênticos e similares é importante, pois estende a possibilidade de aplicação de margens alternativas para o maior universo possível de operações comparáveis, minimizando os efeitos de condições negociais peculiares de operações entre terceiros, permitindo assim a utilização dessas operações para identificação da realidade de mercado[164].

Os mecanismos da Portaria nº 222/2008, para a obtenção de margens alternativas, pressupõem a existência de operações de importação e exportação, com bens, serviços e direitos idênticos ou similares, entre partes independentes.

Essa noção fica claramente evidenciada pela leitura do caput de seu artigos 3º, segundo o qual: "*as solicitações de alteração de percentuais, nas importações, deverão ser instruídas por relatórios ou notas explicativas embasados por estudo ou pesquisa que demonstre, observados os requisitos que assegurem a comparabilidade das transações pesquisadas com as da pessoa jurídica interessada, que a margem de lucro pleiteada é praticada por outras pessoas jurídicas independentes, em transações com não vinculadas; e é incompatível com a margem estabelecida pela legislação*"[165].

[164] Nesse particular, no caso de bens, serviços ou direitos idênticos, somente será permitida a efetivação de ajustes relacionados com: (i) prazo para pagamento; (ii) quantidades negociadas; (iii) obrigação por garantia de funcionamento do bem ou da aplicabilidade do serviço ou direito; (iv) obrigação pela promoção, junto ao público, do bem, serviço ou direito, por meio de propaganda e publicidade; (v) obrigação pelos custos de fiscalização de qualidade, do padrão dos serviços e das condições de higiene; (vi) custos de intermediação nas operações de compra e venda praticadas pelas pessoas jurídicas não vinculadas, consideradas para efeito de comparação dos preços; (vii) acondicionamento; e (viii) frete e seguro. Para o caso de similares, além dos ajustes acima, os preços serão ajustados em função das diferenças de natureza física e de conteúdo, considerando-se, para tanto, os custos relativos à produção do bem, à execução do serviço ou à constituição do direito, exclusivamente nas partes que corresponderem às diferenças entre os modelos objeto da comparação.

[165] Similar dispositivo, em relação a exportações, é identificado no caput do artigo 8º: "*As solicitações de alteração de percentuais, nas exportações, deverão ser instruídas por relatórios ou notas explicativas que apresentem estudo ou pesquisa que demonstrem haver diferença entre a margem de lucro*

Um análise literal desse dispositivo (em especial sua parte final) poderia colocar em xeque a sistemática de margens alternativas, por exigir que o contribuinte identifique outras pessoas jurídicas que, em operações com partes independentes, pratiquem a margem alternativa pleiteada.

Essa análise equivaleria a dizer que o pleito de margens alternativas somente seria viável em condições que igualmente fosse possível a aplicação dos métodos PIC ou PVEx. Aqui reside a crítica feita pela doutrina aos mecanismos de obtenção de margens alternativas previstos pela IN nº 1.312/2012 e pela Portaria nº 222/2008[166].

A crítica é procedente e os normativos em questão devem ser interpretados sob uma perspectiva ampliativa. Caso contrário, o pleito de margem alternativa não passaria de letra morta, sem qualquer aplicabilidade prática. A finalidade da regra deve ser permitir, dentro dos limites de razoabilidade e boa-fé, que o contribuinte efetivamente comprove que as margens de lucro praticadas são compatíveis com o mercado (e que as margens fixas são incompatíveis).

Quanto mais aprofundada e detalhada a informação e documentação apresentada pelo contribuinte, considerando aspectos econômicos, financeiros, contábeis, dentre outros elementos técnicos (estudos e pesquisas de instituições independentes, etc.), mais aprofundadas devem ser as justificativas para sua eventual desconsideração. Isto é, não basta que o fisco aponte a falta de um documento específico, o contexto (todo universo de documentos e informações apresentados) deve ser considerado para deferir ou indeferir o pleito do APA.

Examinando as tabelas abaixo, verificamos a precariedade do rol dos documentos exigidos para comprovação de margens alternativas, para

praticada por outras pessoas jurídicas independentes, em transações não vinculadas, e aquela praticada pela interessada, observados os requisitos que assegurem a comparabilidade das transações pesquisadas com as do contribuinte". Os ajustes para operações com bens idênticos e similares também são permitidos, também abrangendo riscos de crédito (artigo 8º, § 1º, IX).

[166] Nesse sentido, destacamos a crítica de José Gomes Cardim Neto, segundo o qual os requisitos da IN nº 243/2002 (reproduzidos pela IN nº 1.312/2012) tornaram inviável a fruição do direito de se obter margens alternativas em preços de transferência (in "A interpretação da legislação de preços de transferência por parte do fisco no Brasil: podemos aprender com os erros?". Revista de Direito Tributário Internacional. Volume 4, Ano 2. Editora Quartier Latin. São Paulo, out./2006. P. 127; e (ii) Luis Eduardo Schoueri, para quem a análise das portarias e instruções normativas sobre o tema revela que dificilmente um contribuinte poderá contestar as margens legais (Op. Cit. 5. P. 149).

cada um dos métodos previstos pela Lei nº 9.430/1996. Essas informações devem ser examinadas como mero informativo exemplificativo, e não como um roteiro fechado (ou de requisitos mínimos) para elaboração do APA:

Método CPL - Artigo 5º (Portaria nº 222/2008)
I – demonstrativos, planilhas e relatórios analíticos dos custos de produção dos bens, serviços ou direitos, emitidos pela pessoa jurídica fornecedora, domiciliada no exterior, podendo o contribuinte, ainda, anexar parecer de auditoria independente que ateste a consistência destes demonstrativos com os livros contábeis e fiscais da pessoa jurídica vinculada; II – cópia dos documentos comprobatórios dos custos dos bens, serviços ou direitos importados, dos encargos computáveis como custos nestas operações, bem como dos impostos e taxas cobrados pelo país onde tiverem sido originariamente produzidos; e III – estudo ou pesquisa que demonstre a margem de lucro praticada pelo mesmo fornecedor, em operações junto a não vinculada. • Opcionalmente, poderá a interessada apresentar estudo ou pesquisa que demonstre a margem de lucro obtida por terceira pessoa jurídica independente, domiciliada no exterior, em operações com não vinculadas, obedecidas as exigências constantes nos incisos I e II. • Alternativamente, a interessada poderá solicitar a alteração de margem do CPL, instruída com os documentos que constam dos itens I e III, certificados pelo órgão de estado responsável pela administração do imposto de renda federal do país de origem, com a chancela da representação diplomática brasileira no país.
Método PRL (Revenda) - Artigo 6º (Portaria nº 222/2008)
I – demonstrativo do total anual das compras junto a fornecedores não vinculados e das vendas efetuadas a pessoas jurídicas não vinculadas, por tipo de bem, serviço ou direito, objeto do pedido; II – demonstrativo dos valores dos descontos incondicionais concedidos, dos impostos e contribuições incidentes sobre as vendas e das comissões e corretagens pagas, relativamente aos bens, objeto do pedido; III – demonstrativo da margem de lucro auferida pela interessada nas operações previstas no inciso I; e IV – cópia da documentação comprobatória das compras, das vendas e demais custos a que se referem os demonstrativos referidos nos incisos I a III. • Na hipótese de a pessoa jurídica não praticar operações com não vinculadas, poderá apresentar estudo ou pesquisa que demonstre a margem de lucro obtida por terceira pessoa jurídica independente, domiciliada no Brasil, em operações com não vinculadas, obedecidas as demais exigências constantes dos itens I, II e IV, bem como os requisitos que assegurem a comparabilidade das transações pesquisadas com as da pessoa jurídica interessada referidas no art. 3º

Método PRL (Produção) - Artigo 7º (Portaria nº 222/2008)
I - demonstrativo do total anual das compras dos insumos junto a fornecedores não vinculados e das vendas dos bens finais efetuadas a pessoa jurídicas não vinculadas, por tipo de bem, serviço ou direito, a que se referir o pedido; II - demonstrativo dos custos de produção do bem final originado do insumo importado; III - demonstrativo dos valores dos descontos incondicionais concedidos, dos impostos e contribuições incidentes sobre as vendas e das comissões e corretagens pagas, relativamente aos bens, objeto do pedido; IV - demonstrativo da margem de lucro auferida pela interessada nas operações previstas nos incisos I e II, excluindo-se o valor agregado no País, conforme a seguinte metodologia: a) preço líquido de venda: a média aritmética ponderada dos preços de venda do bem produzido, praticados com pessoas jurídicas não vinculadas, diminuídos dos descontos incondicionais concedidos, dos impostos e contribuições sobre as vendas e das comissões e corretagens pagas; b) percentual de participação dos bens, serviços ou direitos importados de não vinculadas no custo total do bem produzido: a relação percentual entre o valor do bem, serviço ou direito importado de não vinculada e o custo total do bem produzido, calculada em conformidade com a planilha de custos da pessoa jurídica; c) participação dos bens, serviços ou direitos importados no preço de venda do bem produzido: a aplicação do percentual de participação do bem, serviço ou direito importado no custo total, apurado conforme a alínea "b", sobre o preço líquido de venda calculado de acordo com a alínea "a"; d) margem de lucro do bem, serviço ou direito objeto do pedido, conforme fórmula abaixo: $$ML = \frac{(PV - PI)}{PI}$$ onde, ML: margem de lucro auferida em operações com não vinculadas; PV: participação dos bens, serviços ou direitos importados no preço de venda do bem produzido, obtido na forma da alínea "c"; PI: preço praticado na importação do bem, objeto do pedido, em operações com não vinculadas; V - cópia da documentação comprobatória das compras, das vendas e dos custos a que se referem os demonstrativos referidos nos incisos I a IV. • Na hipótese da pessoa jurídica não praticar operações com não vinculadas, poderá a interessada apresentar estudo ou pesquisa que demonstre a margem de lucro obtida por terceira pessoa jurídica independente, domiciliada no Brasil, em operações com não vinculadas, obedecidas as demais exigências constantes dos incisos I, II e III, bem como os requisitos que assegurem a comparabilidade das transações pesquisadas com as do contribuinte referidas no art. 3º

O método CPL realmente é de difícil aplicação, não apenas pela questão da margem, mas por exigir a abertura detalhada de custos da sociedade estrangeira. A Portaria nº 1.312/2012 torna ainda mais complexa a aplicação do CPL no caso de margens alternativas, pois denota a necessidade de abertura de custos em operações independentes, o que não seria razoável.

Embora seja viável a produção de estudo apto a demonstrar a aplicabilidade da margem alternativa para o CPL, em situações práticas o método em questão apresenta dificuldades que são peculiares à sua própria natureza, o que tende a diminuir a sua aplicabilidade. Não se trata de inviabilidade da margem alternativa, mas de dificuldade para aplicação do método por si só.

Assim, sob uma perspectiva prática, entendemos que os esforços para obtenção de uma margem alternativa devem estar focados no método PRL. Por evidente, o rol da Portaria nº 222/2008 deve ser interpretado de forma apenas exemplificativa, como pontuado acima. Caso contrário, se fosse condição *sine qua non* que operações de importação entre partes independentes fossem levadas em consideração, a obtenção de margem alternativa poderia resultar inviável, ou então competiria com a aplicação do método PIC.

É o que se verifica, por exemplo, no caso do "PRL Produção" quando, na fórmula para obtenção de seu preço parâmetro com margem alternativa, insere como variável obrigatória o "PI", ou "preço praticado na importação do bem, objeto do pedido, em operações com não vinculadas". Se conhecida essa variável, o contribuinte aplicaria desde logo o PIC, poupando-se do desgaste de levantar uma margem alternativa.

Contudo, há diversos casos em que os métodos *arm's length* (PIC, no caso) não possuem aplicabilidade prática, pois podem não haver operações *específicas* entre terceiros independentes que possam ser comparáveis com a operação parâmetro sujeita ao controle de preços de transferência. Essa limitação não pode alcançar o pleito de margem alternativa, pois resultaria na inconstitucionalidade da regra de preço de transferência.

A sistemática de obtenção de margens alternativas deve possuir flexibilidade, em especial no que diz respeito à documentação, para que possa ser identificada não apenas através da análise de operações específicas entre partes independentes, mas com base numa análise ampla de mercado, destinada a comprovar que a margem alternativa é mais adequada que a margem fixa para a operação em exame.

Não é a previsão isolada do método PIC que torna as regras brasileiras de preços de transferência em importações constitucionais, sob a perspectiva do princípio *arm's length*, mas sim a possibilidade de utilização efetiva das margens alternativas no CPL e, principalmente, no PRL. A regra de preços de transferência deve dispor de mecanismos aptos a viabilizar o princípio *arm's length* na prática, caso contrário, deve ser declarada inconstitucional.

Em caso de impossibilidade de aplicação do PIC, a margem de mercado local aplicável ao contribuinte deve ser permitida para viabilizar o PRL, não apenas considerando um produto idêntico importado, mas uma margem mais compatível que a fixa para o controle de suas operações, com base em dados do mercado. E essa base de dados pode ser obtida de forma ampla, por quaisquer documentos que possam demonstrar que a margem alternativa se adequa com mais precisão à realidade de mercado.

Exemplificando: um contribuinte importa um insumo específico para produção de um televisor. O insumo não encontra par ou similares no mercado, razão pela qual não há operações entre partes independentes que permitiriam a aplicação do PIC. Contudo, no mercado brasileiro há um mercado consolidado de comércio de televisores, em que a margem bruta média é constantemente inferior à exigida pelo PRL 20. Demonstrada a impossibilidade de utilização do PIC e a incompatibilidade da margem fixa do PRL 20, resta justificada, nesse caso hipotético, a utilização de margem alternativa para o PRL.

Os televisores, no caso, não são idênticos entre si. Aplicados os critérios de ajuste previstos pela própria regra de preços de transferência (similares aos do PIC), pode ser feito um estudo detalhado do mercado brasileiro de empresas que comercializam televisores, para identificar qual a margem bruta média, ou mesmo qual a margem bruta máxima praticada, considerando um determinado período (o mais longo possível, para que seja possível projetá-la para períodos futuros).

Dado o objetivo das regras brasileiras de preços de transferência (parametrização a condições normais de mercado), a utilização da margem média seria viável, embora passível de questionamentos, pois o fisco pode considerar que o contribuinte, no caso específico, pode praticar uma margem constantemente superior à média. Neste caso, o contribuinte deve comprovar que a margem efetivamente praticada em suas operações não supera a margem média identificada pelo estudo.

De modo mais conservador e no intuito de evitar litígios, a margem alternativa pode ser determinada exclusivamente com base na margem bruta máxima identificada, o que somente é viável e recomendável caso esta seja inferior à margem fixa exigida pelo PRL.

Interessante observar que a Lei nº 9.430/1996 menciona que, em situações justificadas, o Ministro da Fazenda *poderá* alterar as margens fixas (artigo 20). Essa possibilidade não deve ser confundida com uma discricionariedade ampla a ponto de autorizar as autoridades fiscais a sequer examinarem o pleito, ou a negarem sua aplicação de forma injustificada.

Se o contribuinte apresentar um estudo bem fundamentado da improcedência da margem fixa e melhor adequação da margem alternativa, a autoridade fiscal fica obrigada a homologar a sua utilização, salvo se, de forma justificada, apresentar a contraprova. Isto é, se comprovar que a margem alternativa não é mais adequada que a margem fixa prevista pelo texto legal.

A contraprova da adequação, vale dizer, deve tomar por base a lógica e os princípios que norteiam as regras brasileiras de preços de transferência (isto é, o princípio *arm's length* sob a perspectiva dos princípios brasileiros) e não uma justificativa meramente arrecadatória, ou a alegação rasa de que a margem fixa traduziria o princípio *arm's length* (este estudo já demonstrou, por uma vasta variedade de argumentos, que esta premissa é falsa na grande maioria dos casos). Uma negativa de utilização da margem alternativa sem a devida justificativa autoriza o contribuinte a ingressar em juízo, para obtenção de ordem judicial que assegure o seu direito.

No caso das exportações, a situação é similar a das importações e as exigências da Portaria nº 222/2008, se tomadas sob uma perspectiva literal, são igualmente restritivas (e insuficientes), conforme tabela abaixo, que relaciona os documentos exigidos para comprovação de margens alternativas pelos métodos CAP, PVA e PVV:

Método CAP – Artigo 10º (Portaria nº 222/2008)
I – demonstrativos, planilhas e relatórios analíticos dos custos de produção dos bens, serviços ou direitos, emitidos pela pessoa jurídica exportadora, domiciliada no Brasil, podendo a interessada, ainda, anexar parecer de auditoria independente que ateste a consistência destes demonstrativos, em face dos livros contábeis e fiscais da pessoa jurídica; II – demonstrativos, planilhas e relatórios analíticos dos custos de aquisição dos bens, serviços ou direitos, emitidos pela pessoa jurídica exportadora, domiciliada no Brasil, podendo a interessada, ainda, anexar parecer de auditoria independente que ateste a consistência destes demonstrativos, em face dos livros contábeis e fiscais da pessoa jurídica, na hipótese de exclusiva revenda; III – demonstrativos, planilhas e relatórios analíticos dos valores pelos quais os bens, serviços ou direitos tenham sido exportados, pela pessoa jurídica domiciliada no Brasil, em operações junto a não vinculadas; IV – demonstrativo da margem de lucro auferida pela pessoa jurídica domiciliada no Brasil, nas operações previstas nos incisos I a III; V – demonstrativo dos valores pagos a título de fretes, seguros, impostos e contribuições cobrados no Brasil, relativamente aos bens, serviços ou direitos exportados; VI – demonstrativo da parcela do crédito presumido do Imposto sobre Produtos Industrializados (IPI) como ressarcimento da Contribuição para o PIS/Pasep e da Contribuição Social para o Financiamento da Seguridade Social (COFINS), correspondentes aos bens objeto do pedido, para as pessoas jurídicas sujeitas ao regime de apuração cumulativo; VII – cópia da documentação comprobatória das compras, das vendas e dos custos a que se referem os demonstrativos referidos nos incisos I a VI. • Na hipótese de a pessoa jurídica domiciliada no Brasil não praticar operações com não vinculadas, poderá apresentar estudo ou pesquisa que demonstre a margem de lucro obtida por pessoa jurídica independente domiciliada no Brasil, em operações com não vinculadas (observados critérios de ajustes de operações aplicáveis para bens, serviços e direitos idênticos ou similares).
Método PVA – Artigo 11º (Portaria nº 222/2008)
I – demonstrativo do total anual das compras junto a fornecedores não vinculados, bem como dos demais custos incorridos pela pessoa jurídica brasileira, imputáveis ao bem, serviço ou direito exportado; II – demonstrativo do total anual das receitas de exportação auferidas pela interessada, junto a pessoas jurídicas atacadistas não vinculadas, domiciliadas no exterior, distribuidoras do bem, serviço ou direito; III – demonstrativo dos tributos incluídos no preço, cobrados no país de destino, incidentes sobre as vendas dos bens, serviços ou direitos exportados; IV – demonstrativo da margem de lucro proveniente das operações transcritas nos incisos I e II, excluídos os valores dos tributos a que se refere o inciso III;

V – cópia da documentação comprobatória das compras, das vendas e dos custos a que se referem os demonstrativos referidos nos incisos I a IV.

- Na hipótese da pessoa jurídica domiciliada no Brasil não praticar operações com não vinculadas de que trata o inciso II, poderá a interessada apresentar o demonstrativo das vendas nas operações entre a pessoa jurídica vinculada, domiciliada no exterior, e as pessoas jurídicas atacadistas não vinculadas, distribuidoras dos bens, serviços ou direitos, objeto do pedido, no país de destino, com a respectiva documentação comprobatória das vendas.
- Em relação ao disposto acima, a interessada estará dispensada de apresentação de cópia da documentação comprobatória das vendas, desde que apresente o demonstrativo certificado pelo órgão de estado responsável pela administração do imposto de renda federal do país de destino das vendas, com a chancela da representação diplomática brasileira no país.
- Na hipótese da inexistência das operações a que se referem o inciso II, poderá a interessada apresentar estudos ou pesquisas que demonstrem a margem de lucro obtida por pessoa jurídica independente, domiciliada no Brasil, em operações junto a atacadistas no exterior não vinculadas, quanto a bens, direitos ou serviços comparáveis, atendidos, nesta hipótese, os ajustes permitidos pela legislação.

Método PVV – Artigo 12º (Portaria nº 222/2008)

I – demonstrativo do total anual das compras junto a fornecedores não vinculados, bem como das despesas incorridas pela pessoa jurídica brasileira, na venda do bem, serviço ou direito, que seja objeto do pedido;
II – demonstrativo do total anual das receitas de exportação auferidas pela interessada, junto a consumidores finais não vinculados residentes no exterior;
III – demonstrativo dos tributos incluídos no preço, cobrados no país de destino, incidentes sobre as vendas dos bens, serviços ou direitos, objeto do pedido;
IV – demonstrativo da margem de lucro proveniente das operações transcritas nos incisos I e II, excluídos os valores dos tributos a que se refere o inciso III;
V – cópia da documentação comprobatória das compras, das vendas e das despesas a que se referem os demonstrativos referidos nos incisos I a IV.

- § 1º Na hipótese de a pessoa jurídica domiciliada no Brasil não praticar operações com não vinculadas de que trata o inciso II, poderá a interessada: (i) apresentar o demonstrativo das vendas nas operações entre a pessoa jurídica vinculada, domiciliada no exterior, e consumidores finais não vinculados, residentes no país de destino, com a respectiva documentação comprobatória das vendas; (ii) apresentar demonstrativos das vendas a consumidores finais efetuadas por pessoas jurídicas varejistas, não vinculadas, domiciliadas nos países de destino dos bens, serviços ou direitos, objeto do pedido, com a respectiva documentação comprobatória das vendas.

- § 2º Em relação ao disposto no § 1º, a interessada estará dispensada de apresentação de cópia da documentação comprobatória das vendas desde que apresente os demonstrativos certificados pelo órgão de estado responsável pela administração do imposto de renda federal do país de destino das vendas, com a chancela da representação diplomática brasileira no país.
- Na hipótese da inexistência das operações a que se referem o inciso II, poderá a interessada apresentar estudos ou pesquisas que demonstrem a margem de lucro praticada por pessoa jurídica independente, domiciliada no Brasil, em operações junto a consumidores finais não vinculados, residentes no país de destino do bem, serviço ou direito, objeto do pedido, quanto a bens, serviços ou direitos comparáveis, atendidos os ajustes previstos pela legislação.

A exemplo do que se verifica para as importações, a interpretação dos dispositivos deve ser ampliativa, pois mesmo se consideradas as operações entre terceiros permitidas pela Portaria nº 222/2008, tais operações viabilizariam a utilização do PVEx, tornando sem efeito o pleito de margens alternativas.

De modo inverso ao que se verifica nas importações, os métodos de exportações são de difícil aplicação no que diz respeito ao PVA e ao PVV (que refletem o PRL para o panorama das exportações). Isso porque o estudo das margens alternativas, nesses métodos, dependeria de estudos das margens efetivamente praticadas no exterior, em atacado e varejo, para fins de substituição da margem fixa.

Haveria um passo adicional em relação ao que se verifica em relação ao PRL, pois além do estudo de margens brutas médias ou máximas no exterior, seria necessária a validação dos critérios desse estudo para fins de aplicação das regras brasileiras. Isto é, se uma entidade especializada estrangeira preparar o estudo, é recomendável que uma entidade especializada brasileira valide seus critérios, para que possa instruir o pleito a ser apresentado às autoridade fiscais brasileiras.

Assim, sob uma perspectiva estritamente prática (já que juridicamente qualquer um dos métodos pode e deve permitir a utilização de margens alternativas), seria mais simples a comprovação para o PVA. Para isso, o estudo se centraria em identificar a margem bruta média ou máxima para o mercado local, com bens, serviços e direitos idênticos ou similares.

Para todos os casos, em importações e exportações, o ideal é que empresas renomadas em âmbito internacional sejam envolvidas nesse trabalho, e que os relatórios preparados para a abertura de custos no exterior sejam validados por auditores brasileiros independentes.

Ainda, é relevante que possam ser apresentados documentos e relatórios aptos a demonstrar que os preços praticados entre as sociedades vinculadas, por questões de *compliance* ou regulatórias, seguem condições normais de mercado. Da mesma forma, é recomendável a produção do estudo de mercado e das consequências macroeconômicas dos prejuízos causados pela margem fixa (e da aplicação da margem alternativa).

É razoável que seja exigida a abertura de custos e margens de lucro praticadas, tanto pela sociedade estrangeira, quanto pela sociedade brasileira. No caso de pleito coletivo, essa necessidade se desdobra para as demais sociedades envolvidas, também no intuito de conferir transparência ao pleito de margens alternativas.

O pleito de margens alternativas, na essência, deve ser um roteiro apto a demonstrar, justamente: (i) o setor em que está inserido o contribuinte; (ii) todos os contribuintes que atuam no setor; (iii) o período para o qual as margens alternativas devem ser aplicadas; (iv) a margem aplicada pelos contribuintes no período, um a um; (v) a média dessa margem, considerando todo o período; (vi) quais os produtos que foram utilizados para composição dessa média; (vii) as similaridades e os ajustes feitos em relação a cada produto, para que as operações de todos os contribuintes possam ser consideradas como comparáveis; (viii) a formação do custo de cada um dos produtos considerados no pleito, considerando os critérios de ajuste/equalização previstos na própria IN nº 1.312/2012; dentre outros dados.

Aqui é aberta a possibilidade ao contribuinte de contextualizar a sua operação à realidade de mercado, buscando elementos comparativos no intuito de demonstrar, de forma fundamentada: (i) a inadequação da margem fixa para ajustes de seus preços de transferência; e (ii) qual seria a margem adequada a ser aplicada, em relação a algum dos métodos da própria Lei nº 9.430/1996.

O importante é que as informações sejam levantadas e prestadas com a maior transparência e confiabilidade possível, no intuito de evidenciar a boa-fé e a efetiva necessidade emprego das margens alternativas, para correção de uma distorção efetiva.

Não se trata simplesmente de utilizar a margem alternativa como instrumento de planejamento tributário, ou para evitar a tributação. Pelo contrário, trata-se de mecanismo efetivo para alcançar o padrão *arm's length* e produzir efeitos benéficos a contribuintes e fisco (numa relação positiva para todos, dado que seriam minimizadas as disputas e litígios e, pela via reflexa, seria afastada a bitributação e outras distorções prejudiciais a todas as partes, não apenas aos contribuintes isoladamente).

Embora se trate de tema de fundamental importância, pois permite de forma prática eliminar as distorções das regras brasileiras de preços de transferência, no que diz respeito à aplicação dos métodos de margens fixas, observa Demétrio Gomes Barbosa que as autoridades tributárias têm se mantido imóveis quanto à possibilidade de alteração das margens fixas; e os contribuintes brasileiros têm se mostrado tímidos e receosos em utilizar-se desse expediente[167].

O autor traz exemplo prático emblemático e isolado (cujas partes e informações são sigilosas, por isso não reveladas), em que uma entidade de classe buscou alterar a margem de lucro do PRL 60, para utilização da margem de lucro de 20% (o pleito havia sido apresentado antes das alterações no PRL introduzidas pela Lei nº 12.715/2012).

No caso, foram apresentados pela entidade estudos no intuito de demonstrar que: (i) a exigência da margem de 60% resultaria em perda de competitividade das sociedades brasileiras, deslocando a atividade industrial para outros países, reduzindo investimentos no Brasil (argumento econômico); e (ii) a margem de lucro de 20% seria compatível com a margem praticada pelo setor econômico representado pela entidade e sua aplicação (na sistemática do PRL) não resultaria em ajustes tributáveis.

As autoridades fiscais da RFB indeferiram aquele pleito específico, por considerarem que: (i) o estudo de lucratividade abrangeu apenas empresas que operam com partes vinculadas no exterior (supostamente, seria necessário considerar a margem praticada por sociedades que importam insumos de partes independentes, para que fosse viável a comparação); (ii) a margem de 60% preconiza a praticabilidade (e a evitar a transferência indevida de lucros tributáveis no Brasil para o exterior em operações com partes vinculadas) e não o estímulo à economia nacional como um todo; e (iii) não teriam sido apresentados demonstrativos detalhados das compras e vendas, por tipo de bem, serviço e direito, objeto da solicitação.

[167] BARBOSA. Demétrio Gomes. Preços de transferência no Brasil – Uma abordagem prática. Editora Fiscosoft. São Paulo, 2012. Pp. 44 e ss.

Em grande parte, a negativa das autoridades fiscais se deve à particularidade do mercado específico, em que existia grande divergência de margens de lucro. Além disso, a quantidade de empresas do setor era muito reduzida, o que inviabilizou a identificação de uma margem de lucro razoável para o setor.

Observa-se, ainda, que esse pleito foi formulado e respondido sob a vigência da Portaria nº 95/1997, que estabelecia normas genéricas e permitia às autoridades fiscais um elevado grau de discricionariedade sobre a documentação necessária e sobre a conveniência do pedido.

É importante que os escassos e negativos precedentes não desestimulem os contribuintes a buscarem as margens alternativas. Dado o cenário atual e a perspectiva para o futuro, em que as grandes discussões sobre a legalidade da IN nº 243/2002 (em especial para aplicação do PRL 60) tendem a se encerrar, sem que as margens fixas apresentem soluções satisfatórias para os contribuintes de diversos setores, deve ser estimulada a produção de estudos aptos a justificar a margem alternativa.

A margem alternativa, como apresentado ao longo de todo esse estudo, é o único meio apto a conciliar os princípios *arm's length* e de praticabilidade, conciliando interesses de fisco e contribuintes. Acaso a comprovação se mostre inviável nos termos da Portaria nº 222/2008, pelas razões colocadas nos tópicos precedentes, observa-se que existe possibilidade de sua comprovação com base nas regras da IN nº 1.669/2016, que estabelece as regras gerais para procedimentos amigáveis no âmbito dos Tratados brasileiros. Passamos a abordar essas regras.

4.7. Os APAs/MAPs para margens alternativas com base nos Tratados e na IN nº 1.669/2016

4.7.1. A aplicabilidade da IN nº 1.669/2016 para o pleito de margens alternativas

Em novembro de 2016, no contexto das discussões relacionadas ao ingresso do Brasil na OCDE, que envolvem a harmonização do modelo brasileiro com o modelo OCDE, foi editada pela Receita Federal do Brasil a IN nº 1.669/2016, dispondo sobre as regras aplicáveis aos procedimentos amigáveis (APAs/MAPs) no âmbito dos Tratados brasileiros.

Diferentemente da IN nº 1.312/2012 e da Portaria nº 222/2008, que abordam mecanismos específicos para o pleito de margens alternativas, trazendo disposições específicas para esse fim, a IN nº 1.669/2016 possui um espectro mais amplo, dispondo sobre os mecanismos para solução de controvérsias decorrentes de dupla tributação, previstas nos Tratados brasileiros, não se restringindo à temática de preços de transferência.

Embora os APAs/MAPs da IN nº 1.669/2016 não façam referência expressa à temática de margens alternativas em preços de transferência, fato é que seu alcance é voltado para sanar as problemáticas de dupla tributação resultantes das disposições dos Tratados, o que inclui a temática de preços de transferência.

Com efeito, a IN nº 1.669/2016 dispõe expressamente que o procedimento amigável poderá ser apresentado sempre que o sujeito passivo residente no Brasil "*considerar que medidas tomadas por um ou ambos os Estados Contratantes conduziram ou poderão conduzir, em relação ao requerente, a tributação em desacordo com o Tratados de que os Estados sejam signatários*".

Logo, no que diz respeito à temática de preços de transferência (prevista no artigo 9º dos Tratados brasileiros), acaso a aplicação das margens fixas resulta em dupla tributação, os APAs/MAPs, nos moldes da IN nº 1.669/2016 poderão ser utilizados para viabilizar a busca de margens alternativas. Ainda que os Tratados brasileiros tenham suprimido o § 2º da redação do artigo 9º, tal supressão somente resulta na impossibilidade de *corresponding adjustments* (mecanismos de ajustes mútuos, créditos correspondentes, etc.), os quais não impactam na busca por margens alternativas.

Dessa forma, sempre que a metodologia fechada da IN nº 1.312/2012 e da Portaria nº 222/2008 resultar em óbices práticos à comprovação da margem alternativa (por exigirem parametrização com operações independentes, o que evidencia a chamada *probatio diabolica*), os APAs/MAPs poderão ser utilizados como mecanismo apto ao pleito dessa margem alternativa, com o objetivo de afastar a dupla tributação em casos concretos.

A restrição a ser observada, contudo, é que as disposições da IN nº 1.669/2016 somente são aplicáveis aos casos de operações entre países signatários de Tratados. Assim, a princípio, para as operações com países que não sejam signatários de Tratados firmados pelo Brasil, a comprovação das margens alternativas ficaria restrita à metodologia da IN nº 1.312/2012 e da Portaria nº 222/2008.

4.7.2. A metodologia dos APAs/MAPs da IN nº 1.669/2016

O procedimento amigável (APA e MAP), conforme disposições da IN nº 1.669/2016, não tem natureza contenciosa, razão pela qual seriam aplicáveis, de forma geral, as disposições aplicáveis às consultas formais, abordadas nos tópicos precedentes deste estudo. Em linhas gerais tais APAs e MAPs devem ser dirigidos à Receita Federal do Brasil, por pleito formulado por residente no Brasil, através de:

(i) pleito unilateral (similar ao previsto pela Portaria nº 222/2008), em que o contribuinte dirige o pleito diretamente à autoridade fiscal brasileira, que efetua a análise e finaliza a consulta; e
(ii) pleito bilateral, em que a autoridade fiscal brasileira inicia tratativas com autoridades competentes do outro Estado contratante, a fim de buscar uma solução para o caso, em hipóteses em que o pleito não é finalizado na modalidade unilateral, ou em que o pleito tem origem no outro Estado contratante.

O requerimento de APA/MAP, nesses casos, deve ser apresentado na unidade da RFB do domicílio tributário do requerente, mediante utilização do chamado "Formulário de Requerimento de Instauração de Procedimento Amigável", cujo modelo consta no Anexo I da IN nº 1.169/2016 e deve conter:

(i) identificação do requerente;
(ii) períodos a que se refere o requerimento;
(iii) tributos envolvidos;
(iv) identificação da autoridade fiscal estrangeira envolvida;
(v) medidas tomadas por um ou ambos os Estados contratantes, da qual resulte a dupla tributação;
(vi) indicação dos dispositivos legais que conduziram ou podem conduzir à dupla tributação;
(vii) indicação do Tratado e do respectivo dispositivo violado;
(viii) identificação do controlador direito e do final, bem como respectivos países de residência fiscal;
(ix) identificação das pessoas relacionadas domiciliadas no exterior envolvidas, quando aplicável, e seus países de residência para fins tributários;
(x) cópia de qualquer documentação ou requisição recebida da administração estrangeira, inclusive com as informações encaminhadas em resposta;

(xi) cópia de qualquer acordo ou ajuste efetuado com qualquer administração tributária estrangeira que tenha relação com o requerimento;
(xii) indicação de que a matéria foi submetida à apreciação judicial ou administrativa, no Brasil ou no outro Estado Contratante, devendo juntar cópia da petição e resposta, quando for o caso.

Um ponto interessante a observar, de plano, é que diferentemente do que dispõe a Portaria nº 222.2008, a IN nº 1.669/2016 não restringe o pleito ao ano-calendário corrente, sendo possível o pleito para períodos pretéritos, observado o prazo decadencial. Inclusive, a regra expressamente dispõe que "objeto do requerimento de instauração poderá referir-se à extensão, a outros períodos de competência, dos efeitos de solução anterior proferida em favor do mesmo sujeito passivo, desde que se comprove que as condições que fundamentaram a solução permaneceram as mesmas nos períodos pleiteados".

Acaso o pleito para períodos pretéritos implicar na possibilidade de restituição de tributos, tal restituição deve ser pleiteada com base em requerimento que consta do Anexo III da própria IN nº 1.699/2016. Naturalmente, enquanto não solucionado o APA/MAP, o pleito de restituição de tributos fica sobrestado.

Importante observar que não é possível a instauração do APA/MAP da IN nº 1.669/2016 para discussão de situação em tese. Logo, é necessário que todos os documentos de suporte ao pleito sejam mostrados para evidenciar a situação concreta de dupla tributação que, no caso do pleito de margens alternativas, deve apontar para as inconsistências resultantes da aplicação da metodologia de margens fixas.

O rol de documentos indicado na regra é meramente exemplificativo, sendo possível ao contribuinte fazer prova por qualquer documento adicional. Nesse particular, fazemos referência a todas as considerações sobre documentação de suporta apontadas no item 4.6.7 acima, em especial no que diz respeito aos estudos demonstrativos das distorções causadas pela margem fixa e da adequação da margem alternativa a cada caso concreto, os quais devem ser idealmente preparados por auditores e profissionais independentes especializados.

A depender do Estado contratante, os prazos para instauração dos APAs/MAPs, a serem observados pela autoridade fiscal brasileira, variam de 2, 3 a 5 anos. O prazo de 2 anos é aplicável para o caso de APAs/MAPs envolvendo Argentina, Bélgica, Equador e Portugal, 3 anos no caso de China e Finlândia, e 5 anos para os demais países com os quais o Brasil dispõe de Tratado.

A IN nº 1.669/2016 traz um rol específico das hipóteses que inviabilizam o conhecimento do pleito (além das questões relacionadas nos itens (i) a (xii) acima, que dizem respeito a indicação de partes, matéria, etc.). Tais impedimentos expressos (previstos no artigo 8º, § 1º, da IN nº 1.669/2016) dizem respeito a pleitos que versem sobre: (i) matéria submetida, pelo próprio requerente, à apreciação do Poder Judiciário e sobre a qual já tenha sido proferida sentença ou acórdão, ainda que recorrível; (ii) matéria já decidida definitivamente pelo Poder Judiciário e cujos efeitos se estendam ao requerente; (iii) matéria submetida, pelo próprio requerente, à apreciação do contencioso administrativo e sobre a qual já tenha sido proferida sentença ou acórdão, ainda que recorrível; (iv) situações envolvendo sujeito passivo distinto do requerente, ainda que pertencentes ao mesmo grupo econômico; e (v) tributo relativo a período de apuração ou incidência sobre o qual se tenha operado a decadência ou a prescrição.

A partir da leitura do dispositivo, observa-se que as autoridades fiscais podem vir a questionar pleitos que não digam respeito a um contribuinte isolado, inclusive quando formalizado por entidades de classe ou confederações, já que, nesses casos, estarão atuando em favor de diversos contribuintes. Em se tratando de pleito de margens alternativas de preços de transferência essa observação é importante, pois, em muitos casos, o pleito coletivo pode ser mais adequado do que o formulado por um contribuinte isolado. Dessa forma, com o intuito de mitigar riscos na apreciação de pedidos coletivos, desde que justificados, as entidades de classe e confederações podem avaliar a conveniência de ingressar em juízo para obter autorização expressa para formalização de pleitos coletivos no âmbito da IN nº 1.669/2018.

Caso a solução do pleito resulte favorável aos interesses dos contribuintes, estes devem se comprometer a desistir de impugnações e recursos, além de ações judiciais que versem sobre o mesmo objeto, para que as medidas possam ser implementadas na prática, sem que disso resultem decisões administrativas e judiciais conflitantes com os termos da solução dada ao APA/MAP. Por outro lado, caso os APAs/MAPs não cheguem a uma solução, as autoridades fiscais deverão emitir despacho decisório devidamente fundamentado. Caso isso ocorra, restará aos contribuintes questionar o aludido despacho e pleitear a aplicação da margem alternativa pela via judicial.

Em síntese, para as hipóteses em que a comprovação da margem alternativa se mostra inviável nos termos da Portaria nº 222/2008 e da IN nº 1.312/2012, os contribuintes poderão utilizar-se dos APAs/MAPs da IN nº 1.669/2016 para viabilizar esse pleito. Muito embora sejam as próprias autoridades fiscais que julgarão os pleitos, as quais podem fazer referência às regras da Portaria nº 222/2008, parece-nos que os APAs/MAPs constituem alternativa interessante e importante para levantamento das discussões envolvendo margens alternativas, em especial quando for possível envolver autoridades de outros países para troca de informações e entendimentos sobre quais as margens mais adequadas a considerar.

Com efeito, nos pleitos de margem alternativa envolvendo diferentes jurisdições, considerando que existe aplicação recíproca das regras de preços de transferência de diferentes países (considerando exportadores e importadores de um mesmo grupo econômico em diferentes países contratantes), existe a possibilidade teórica de se requerer, por exemplo, uma margem neutra que afaste a dupla tributação através da aplicação de margens alternativas do método CAP (ou equivalente ao *Cost Plus*) para a sociedade exportadora, e do método PRL (ou equivalente os *Resale Less Profit*) para os importadores.

No contexto de harmonização das regras brasileiras com as do modelo OCDE, o momento é propício para a realização desses pleitos. Temos conhecimento de pleitos recentes, ainda pendente de análise pelas autoridades competentes, e a expectativa é que os APAs/MAPs sejam, de fato, utilizados em cada vez maior número para viabilizar a aplicação de margens alternativas em casos concretos, desde que devidamente justificadas e suportadas por documentação hábil e idônea.

Empresas de auditoria e de avaliação de mercado, ao lado de advogados e demais interlocutores dos pleitos, teriam importância central na elaboração dos documentos que servirão de suporte à indicação das margens alternativas. Certamente os pleitos que demonstrarem, de forma clara, que a aplicação das margens alternativas resulta apenas em mitigação da dupla tributação em casos concretos (onde há duplicidade de ajustes pela aplicação concomitante de regras de preços de transferência de diferentes países, baseadas em métodos de margens fixas), com suporte em estudos técnicos e justificativas plausíveis para utilização das margens alternativas, os contribuintes terão boas chances de obter uma solução favorável aos seus interesses.

5.
Conclusão

Ao longo do presente estudo foi demonstrado que as regras de preços de transferência têm por finalidade equiparar os preços de operações praticadas entre partes vinculadas aos praticados entre partes independentes, de modo a evitar a transferência indevida de lucros tributáveis de um país para outro, favorecida pela relação entre as partes. Inspirado no modelo OCDE, o modelo brasileiro de preços de transferência encontra suas diretrizes na Lei nº 9.430/1996 (conforme alterações posteriores).

Enquanto o modelo OCDE preconiza que os chamados preços parâmetro sejam obtidos em condições *arm's length*, o modelo brasileiro preconiza metodologias práticas e direcionadas a coibir a transferência indevida de lucros do Brasil para o exterior. A praticabilidade do modelo brasileiro decorre, principalmente, da metodologia de margens fixas (verificada nos métodos CPL, PRL, CAP, PVA e PVV).

O modelo OCDE busca condições reais de mercado, para que os ajustes de preços de transferência sejam aplicados apenas em operações com comprovada transferência indevida de lucros de um país para outro, em decorrência do vínculo existente entre as partes envolvidas na transação. A consequência negativa do modelo OCDE, contudo, é sua ampla flexibilidade, que resulta em ineficiência para coibir planejamentos direcionados a transferir lucros tributáveis para jurisdições com tratamento fiscal mais benéfico. Essa, inclusive, tem sido a crítica do BEPS ao modelo OCDE e a tônica dos planos de ação em matéria de preços de transferência.

O modelo brasileiro, por outro lado, preconiza a praticabilidade e modelos rígidos que evitam a transferência de lucros do Brasil para o exterior. Cabe ao contribuinte apurar o preço parâmetro com base em qualquer dos métodos previstos pela legislação (prevalecendo o mais benéfico). Se não é possível aplicar algum dos métodos baseados em condições reais de mercado (PIC ou PVEx), os métodos de margens fixas criam esse parâmetro de forma artificial. A praticabilidade das margens fixas torna de certa forma inócuos os planos de ação do BEPS para o Brasil, pois a problemática brasileira não consiste em coibir planejamentos abusivos em preços de transferência, mas em mecanismos aptos a mitigar as distorções causadas pela metodologia de margens fixas.

O que falta ao modelo brasileiro é um mecanismo eficiente para conciliar a praticabilidade ao padrão *arm's length*. No modelo brasileiro (que se depreende tanto da legislação, quanto de julgados proferidos por tribunais administrativos e judiciais), o que se verifica e discute, prioritariamente, é a aplicação dos métodos, pouco importando se o resultado é compatível com a realidade de mercado. Tampouco importa se a aplicação das regras brasileiras de transferência resulta em dupla tributação.

O princípio *arm's length* deve estar integrado aos princípios constitucionais de legalidade, isonomia, vinculação do ato administrativo e capacidade contributiva. Os ajustes de preços de transferência, ainda que baseados em métodos de margens fixas, não podem resultar em tratamento tributário mais gravoso do que aquele que seria verificado em operações entre partes independentes. O fato de o Brasil não integrar (ainda) o quadro de países da OCDE não pode servir de escusa para deixar de observar o padrão *arm's length*.

Caso contrário, todos os princípios tributários e garantias fundamentais dos contribuintes brasileiros seriam violados. A conjugação dos princípios brasileiros, no contexto das regras de preços de transferência, resulta na concretização do princípio *arm's length* no Brasil. A praticabilidade dos métodos de margens fixas deve ser prestigiada, mas não considerada como uma alternativa inescusável. Deve, a nosso ver, ser uma opção do contribuinte, que também deve poder optar pelas margens alternativa em preços de transferência. Somente se tal opção for viabilizada na prática, é que a regra brasileira de preços de transferência atende aos pressupostos constitucionais de validade.

Com efeito, se a aplicação irrestrita das margens fixas tende a causar distorções, por afastar o preço parâmetro da realidade de mercado (o que viola o princípio *arm's length* sob a perspectiva dos próprios princípios brasileiros), as margens alternativas são o instrumento que torna constitucional a norma brasileira de preços de transferência.

O exame integrado dos princípios, das leis e dos normativos infraconstitucionais permite identificar os APAs e MAPs, conforme previstos pela Portaria nº 222/2008, pela IN nº 1.312/2012 e pela IN nº 1.669/2016, como instrumentos aptos a viabilizar, pelo pleito de margem alternativa, a obtenção de uma condição mais próxima possível do que seria uma condição normal de mercado (*arm's length condition*).

Para que as garantias fundamentais do contribuinte sejam protegidas no âmbito do APA brasileiro, este deve ser examinado sob a perspectiva de uma consulta formal, tal qual prevista pelo Decreto nº 70.235/1972 e pela própria Lei nº 9.430/1996. Durante sua vigência (até a obtenção da resposta, positiva ou negativa), suspendem-se tanto o prazo decadencial para lançamento, como a exigibilidade dos débitos relacionados a ajustes de preços de transferência (se há dúvida, não há que se falar em débito formalizado, tampouco em mora apta a ensejar qualquer penalidade).

O APA não deve ser um instrumento para retardar autuações, ou para dificultar o trabalho fiscal. Pelo contrário, deve ser utilizado como mecanismo para comprovação da realidade de mercado, apto a demonstrar a constitucionalidade da regra brasileira de preços de transferência. Portanto, deve haver razoabilidade tanto em sua aplicação (pelos contribuintes) quanto em sua análise (pelas autoridades fiscais e/ou pelas autoridades julgadoras, na esfera administrativa e/ou judicial).

Da mesma forma que o pleito de margem alternativa deve ser embasado por documentação e informações detalhadas, aptas a identificar a realidade de mercado e a incompatibilidade da margem fixa com essa realidade, eventual indeferimento deve ser justificado pelas autoridades fiscais. Essa justificativa não pode ser rasa, mas devidamente fundamentada. A razoabilidade, frise-se, deve nortear o pleito e sua apreciação.

Em caso de negativa, poderá o contribuinte se socorrer da via judicial, tanto para revisão da decisão de seu APA/MAP, como para aplicação da margem alternativa para cancelar eventual autuação baseada em margem fixa incompatível com a realidade de mercado. Também pode o contribuinte antecipar-se e buscar uma ordem judicial que reconheça a possibilidade de utilização das margens alternativas, sem que ingresse com o APA na modalidade de consulta formal.

Tanto no caso do APA/MAP, via consulta formal, como da medida judicial, o fundamental é que exista um estudo prévio de mercado, para que se confirme tanto que a margem da lei é inadequada, como para indicar a margem mais correta para o contribuinte. Esse pleito, tanto via APA, como via medida judicial, pode ser feito pelo contribuinte isoladamente, ou através de entidade representativa de classe (o que deve ser observado com cautela, na hipótese do APA/MAP da IN nº 1.669/2016, dada a restrição expressa aos pleitos em favor de terceiros).

Não existe um roteiro ou recomendação uniforme sobre qual seria a forma de pleito mais adequada. Se individualmente ou coletivamente. Se através de APA/MAP, ou através de medida judicial. Cada caso deve ser estudado de forma isolada, considerando-se as peculiaridades do mercado e identificando-se as distorções causadas para as margens fixas para os casos concretos.

Caso a aplicação da margem fixa resulte em distorções para todas as empresas de um mesmo segmento econômico e isso possa ser comprovado de forma consistente, o pleito coletivo tende a ser mais adequado (deve haver cautela, nesse caso, se o pleito for feito pela via da IN nº 1.669/2016). Por outro lado, se a margem fixa causa distorções para um contribuinte específico em razão de uma peculiaridade de sua atividade, o pleito individual pode ser mais indicado.

Ponto delicado é a questão da documentação. O texto da Portaria nº 222/2008, da IN nº 1.312/2012 e da IN nº 1.669/2016 devem ser interpretados sob uma perspectiva ampliativa. Caso contrário, o pleito de margem alternativa não passa de letra morta, sem qualquer aplicabilidade prática, tornando-se questionável a constitucionalidade da regra brasileira de preços de transferência (por inviabilizar a efetivação do princípio *arm's length*). A exigência de prova de condições independentes, como verificada na Portaria nº 222/2008, mostra-se totalmente descabida, pois se viável na prática, permitiria a aplicação dos métodos PIC e PVEx, dispensando a necessidade do pleito de margem alternativa. Logo, o pleito não deve ser inviabilizado pela ausência de referencial de partes independentes. O que deve haver é um pleito consistente de margem alternativa, justificado por sólidas justificativas em cada caso concreto.

A finalidade da regra deve ser permitir, dentro dos limites de razoabilidade e boa-fé, que o contribuinte efetivamente comprove que as margens de lucro praticadas são compatíveis com o mercado (e que as margens fixas são incompatíveis). Quanto mais aprofundada e detalhada a informação e documentação apresentada pelo contribuinte, considerando aspectos econômicos, financeiros, contábeis, dentre outros elementos técnicos (estudos e pesquisas de instituições independentes, etc.), mais aprofundadas devem ser as justificativas para sua eventual desconsideração. Isto é, não basta que o fisco aponte a falta de um documento específico, o contexto (todo universo de documentos e informações apresentados) deve ser considerado para deferir ou indeferir o pleito de margem alternativa.

O fato de inexistirem precedentes favoráveis não deve desestimular os contribuintes a ingressarem com APAs/MAPs, ou mesmo com medidas judiciais para viabilizar a utilização de margens alternativas. Se desde a criação das regras brasileiras de preços de transferência (em 1996 até hoje) as principais controvérsias e disputas estiveram ligadas a aplicação do PRL (em especial no que diz respeito à legalidade da IN nº 243/2002), em breve tais disputas devem se esgotar e dar lugar a outras, cada vez mais focadas em casos concretos.

Não há mais na legislação, atualmente em vigor, as inconsistências verificadas no texto original da Lei nº 9.430/1996 (relacionadas à ausência do critério de proporcionalidade para isolamento dos insumos no PRL 60). As inconsistências atuais (após edição da Lei nº 9.430/1996) estão ligadas, principalmente, à inadequação das margens fixas à realidade de mercado. É por isso que os estudos de margens alternativas e a análise de estratégias para viabilizar a aplicação prática de APAs e MAPs, como abordado neste estudo, tendem a ganhar relevância em um futuro muito próximo.

A expectativa é que os precedentes isolados desfavoráveis (à implementação de APAs) sejam revistos, para que os APAs e MAPs viabilizem, em casos concretos, a conciliação prática das regras brasileiras de preços de transferência com o princípio *arm's length* e evitando a dupla tributação em matéria de preços de transferência.

O propósito desse estudo não consiste apenas em alertar para as distorções decorrentes da aplicação irrestrita das margens fixas da regra brasileira de preços de transferência, mas chamar a atenção sobre a existência de mecanismos aptos a sanar tais distorções, no próprio modelo brasileiro.

Em um futuro próximo, a despeito da precariedade da legislação em vigor, mais do que buscar argumentos jurídicos para questionar a aplicação dos métodos de margens fixas, é conveniente que os contribuintes se antecipem na elaboração de estudos de mercado e na identificação de margens alternativas compatíveis com seu segmento econômico. Essa proatividade contribuiria para estancar o grande volume de disputas entre fisco e contribuintes envolvendo a matéria, e traria maior segurança e previsibilidade para o tratamento de preços de transferência.

Também sob uma perspectiva macroeconômica, considerando que a aplicação das regras brasileiras de preços de transferência resulta em ajustes vultuosos, que em breve podem resultar na debandada de sociedades multinacionais do Brasil para outros países, já que os ajustes e multas decorrentes de autuações consomem os resultados dessas empresas, a utilização das margens alternativas se mostra como solução também sob um viés econômico.

No momento atual (e considerando as tendências para o futuro próximo), em que as grandes disputas envolvendo preços de transferência (notadamente sobre a legalidade da IN nº 243/2002) estão sendo solucionadas favoravelmente ao fisco na esfera administrativa, uma enxurrada de medidas judiciais devem ter início, com a necessidade de garantias em montantes vultuosos (lembrando que na esfera administrativa, não há necessidade de garantia para suspensão da exigibilidade dos débitos tributários).

Muitas das empresas não dispõem de recursos para garantias nos processos que discutem preços de transferência, dadas as cifras milionárias das autuações lavradas contra os contribuintes (e das multas e juros aplicados). Além disso, as empresas seguradoras e instituições financeiras brasileiras podem não dispor de meios para emitir garantias alternativas ao depósito judicial, como seguros garantia ou cartas de fiança.

Ainda que programas de parcelamento específico possam ser reeditados (como já se viu em muitas oportunidades), isso pode não ser suficiente para conter o encerramento das atividades de multinacionais no Brasil, com a consequente saída de importantes recursos do Brasil para o exterior.

E a situação não é grave apenas para o passado, mas para o futuro, pois, como apontado ao longo deste estudo, as "novas" regras de preços de transferência (decorrentes da Lei nº 12.715/2012) não estancaram as disputas sobre a metodologia de margens fixas. Tanto assim que muitos contribuintes estão sendo fiscalizados (e já autuados) com base nas novas margens do PRL (de 20% a 40%).

É por isso que, ao invés de estender o cenário de disputas, que tornam inviável a presença de diversas multinacionais no Brasil, as políticas brasileiras de preços de transferência devem ser revisadas por todos os atores envolvidos: contribuintes, autoridades fiscais, legisladores e autoridades julgadoras (da esfera administrativa e judicial). Há questões mais importantes do que a mera aplicação prática do métodode margens fixas para fins de arrecadação, relacionadas a questões estruturais e macroeconômicas.

Os efeitos dos ajustes baseados em margens fixas são claramente danosos e, por qualquer perspectiva que se examine a questão, todas as partes tendem a sofrer gravosos prejuízos. Tais efeitos danosos não se restringem aos contribuintes, mas à economia brasileira como um todo. Para evitá-los, os estudos alternativos sobre preços de transferência devem ser estimulados e colocados em prática. Há mecanismos para isso e sua utilização deve ser estimulada.

É esse o propósito desse estudo, ao estimular e apresentar considerações teóricas e práticas sobre a aplicação de margens alternativas de preços de transferência, através dos chamados APAs e MAPs.

É certo, contudo, que a própria legislação brasileira e normas regulamentares sobre os APAs, em especial a Portaria nº 222/2008, merecem uma revisão criteriosa com o objetivo de afastar arbitrariedades e imposições formais descabidas, facilitando a busca pelas margens fixas. Isso evitaria, por evidente, disputas desnecessárias na esfera administrativa e judicial. Mais do que isso, traria aos contribuintes maior segurança jurídica para que possam pleitear a utilização de margens alternativas, evitando situações de ajustes abusivas que são corriqueiramente verificadas. A despeito dessas limitações da Portaria nº 222/2008, a própria IN nº 1.669/2016, de aplicabilidade mais genérica e aberta, pode servir de alternativa aos contribuintes para o pleito de margens alternativas.

BIBLIOGRAFIA

AMARO, Luciano. "Direito tributário brasileiro". Editora Saraiva. São Paulo, 1998.

ATALIBA, Geraldo; e outros. "Interpretação no direito tributário". EDUC – Editora da Universidade Católica. São Paulo, 1975.

BARBOSA, Demétrio Gomes. "Preços de transferência no Brasil – Uma abordagem prática". Editora Fiscosoft. São Paulo, 2012.

___. "Preços de Transferência no Brasil – *Compliance* & Perspectiva Econômica". Editora Aduaneiras. São Paulo, 2015.

BIFANO, Elidie Palma. "Disciplina dos juros em matéria de preços de transferência". *In* "Tributos e preços de transferência". (Coord. Luis Eduardo Schoueri). Editora Dialética. São Paulo, 2013.

CARVALHO, Paulo de Barros. "Curso de direito tributário". Editora Saraiva. São Paulo, 2005.

DA SILVA, José Afonso da. "Curso de Direito Constitucional Positivo". Editora Malheiros. São Paulo, 2003.

DERZI, Misabel. "A desconsideração dos atos e negócios jurídicos dissimulatórios segundo a Lei Complementar nº 104, de 10 de janeiro de 2001". *In* "O planejamento tributário e a Lei Complementar 104". Editora Dialética. São Paulo, 2001.

FALEIRO, Kelly Magalhães. "Procedimento de Consulta Fiscal". Editora Noeses. São Paulo, 2005.

FRANÇOSO, Thaís Folgosi. "Operações controladas segundo a legislação brasileira de preços de transferência". *In* "Manual dos preços de transferência no Brasil". Editora MP. São Paulo, 2007.

GALHARDO, Luciana Rosanova. "Rateio de despesas no direito tributário". São Paulo. Quartier Latin, 2004.

GRECO, Marco Aurélio; ROCHA, Sérgio André. "Manual de Direito Tributário Internacional". Editora Dialética. São Paulo, 2012.

GREGÓRIO, Ricardo Marozzi. "Preços de transferência – *Arm's length* e praticabilidade". Vol. 5. Quartier Latin. São Paulo, 2011.

HARET, Florence Cronemberg. "Presunções e preços de transferência: exame sobre a constitucionalidade dos métodos dos preços de transferência fixados nos artigos 18 a 24 da Lei 9.430/96". *In* Revista de Direito Tributário Internacional. Editora Quartier Latin. São Paulo, fev. 2010.

MACHADO, Hugo de Brito. "Mandado de Segurança em matéria tributária". Editora Revista dos Tribunais. São Paulo, 1994.

MEIRELLES, Hely Lopes. "Direito administrativo brasileiro". Editora Revista dos Tribunais. São Paulo, 1983.

MORAES, Bernardo Ribeiro de. "Compêndio de direito tributário". 6ª Edição. Editora Forense. Rio de Janeiro, 1997.

MOSQUERA, Roberto Quiroga. "O regime jurídico-tributário dos preços de transferência e a Lei nº 9.430/96". *In* "Tributos e preços de transferência". Coordenação Valdir de Oliveira Rocha. Editora Dialética. São Paulo, 1997.

NETO, José Gomes Cardim. "A interpretação da legislação de preços de transferência por parte do fisco no Brasil: podemos aprender com os erros?". *In* Revista de Direito Tributário Internacional. Volume 4, Ano 2. Editora Quartier Latin. São Paulo. Outubro de 2006.

NOGUEIRA, Ruy Barbosa. "Curso de direito tributário". Editora Saraiva. São Paulo, 1980.

OECD. "OECD Transfer Pricing Guidelines for Multinational and Tax Administrations". OECD, 1995.

___. APA Discussion in the OECD Final Transfer Guidelines. Transfer Pricing Guidelines for Multinational Enterprises and Tax Administrations. OECD, 1995.

___. Manual on Effective Mutual Agreement Procedures – MEMAP. OECD, 2007.

___. *Comments Received on Public Discussion Draft: BEPS Actions 8, 9 and 10 – Revisions to chapter I of the Transfer Pricing Guidelines (including risk, recharacterisation and special measures)*. Comentários do Professor Jim Stewart (School of Business of Dublin, Irlanda). OECD. Fevereiro de 2015.

OLIVEIRA, Ricardo Mariz de. "Fundamentos do imposto de renda". Editora Quartier Latin. São Paulo, 2008.

OLIVEIRA, Vivian de Freitas e Rodrigues de. "Preço de transferência como norma de ajuste do imposto sobre a renda". Editora Noeses. São Paulo, 2015.

PAULSEN, Leandro. "Direito tributário: Constituição e Código Tributário à luz da doutrina e da jurisprudência". Editora Livraria do Advogado. ESMAFE. Porto Alegre, 2007.

REQUIÃO, Rubens. "Curso de Direito Comercial". Editora Saraiva. São Paulo, 2003.

ROCHA, Sérgio André. "Preços de Transferência e tipologia Jurídica: as Novas Margens de Lucros Presumidas do PRL". *In* Tributos e Preços de Transferência, 4º volume, coord. Luis Eduardo Schoueri. Dialética. São Paulo, 2013.

ROCHA, Valdir de Oliveira. "A consulta fiscal". Editora Dialética. São Paulo, 1996.

ROLIM, João Dácio. "As presunções da Lei 9.430/96 e os casos especiais de preços de transferência". *In* "Tributos e preços de transferência". Coordenação Valdir de Oliveira Rocha. Editora Dialética. São Paulo, 1997.

ROTHMANN, Gerd W. "O princípio da legalidade tributária". Trabalho apresentado no Curso de Doutorado, na cadeira de Direito Tributário Comparado, sob orientação e regência do Professor Catedrático Ruy Barbosa Nogueira, na Faculdade de Direito da USP.

SCHOUERI, Luis Eduardo. "Preços de transferência do direito tributário brasileiro". 3ª edição. São Paulo. Dialética, 2013.

SILVA, Mauro. "*A utilização do acordo de preços antecipado (APA) no regime de controle de preços de transferência*". Revista Dialética de Direito Tributário (RDDT) nº 137. Fevereiro de 2007.

TÔRRES. Heleno Taveira. "Direito tributário internacional: planejamento tributário e operações transnacionais". Editora Revista dos Tribunais. São Paulo, 2001.

UTUMI, Ana Cláudia Akie. "Países com tributação favorecida no direito brasileiro". *In* "Direito Tributário Internacional Aplicado". Coordenação Heleno Taveira Tôrres. Editora Quartier Latin. São Paulo, 2003.

VICENTE. Marcelo Alvares. "Controle fiscal dos preços de transferência na importação e exportação veiculados pela legislação brasileira". Dissertação de Mestrado em Direito. PUC/SP, 2007.

VITA, Jonathan Barros. "Preços de transferência". Fiscosoft. Revista dos Tribunais. São Paulo, 2014.

XAVIER, Alberto. "Os princípios da legalidade e da tipicidade da tributação". Editora Revista dos Tribunais. São Paulo, 1978.

___. "Direito tributário internacional do Brasil". Forense. Rio de Janeiro, 2010.

___. "Direito Tributário Internacional do Brasil". 8ª Edição. Editora Forense. Rio de Janeiro, 2015.

ÍNDICE